Müller · Systemisches Coaching im Management

Konzept und Beratung der Reihe Beltz Weiterbildung

Prof. Dr. *Karlheinz A. Geißler*, Schlechinger Weg 13, D-81669 München.
Prof. Dr. *Bernd Weidenmann*, Weidmoosweg 5, D-83626 Valley.

Gabriele Müller

Systemisches Coaching im Management

Ein Praxisbuch für Neueinsteiger und Profis

Beltz Verlag · Weinheim, Basel, Berlin

Gabriele Müller, Jg. 1961, Dipl.-Soz.-Pädagogin und Vorstand der ISCO AG (Institut für Systemisches Coaching und Organisationsberatung). Sie arbeitet seit 1993 in freiberuflicher Tätigkeit als Coach, Organisationsberaterin, Supervisorin und Trainerin. Schwerpunkte: Coaching, Konfliktberatung, Teamentwicklung, Prozessarbeit, NLP.

Lektorat: Ingeborg Sachsenmeier

© 2003 Beltz Verlag · Weinheim, Basel, Berlin
www.beltz.de
Herstellung: Ute Jöst Publikations-Service, Birkenau
Satz: MediaPartner Satz und Repro GmbH, Hemsbach
Druck: Druckhaus Beltz, Hemsbach
Umschlaggestaltung: glas ag, Seeheim-Jugenheim
Umschlagabbildung: zefa visualmedia gmbh, Düsseldorf
Zeichnungen: Ulrike Rath, Aachen
Printed in Germany

ISBN 3-407-36398-2

Inhaltsverzeichnis

Einleitung

*Das Wesentliche öffnet die Tür – suchen Sie »Es« und
es zeigen sich neue Räume*

Der oben genannte Satz umschreibt den Coachingprozess in seinen verschiedenen Aspekten:

❖ Was ist das Wesentliche?
❖ Welche Tür muss damit geöffnet werden?
❖ Was muss ich anschauen?
❖ Wie sehen die notwendigen Schritte aus?
❖ Welche Lösungen verbergen sich in den neuen Räumen?

Coaching wird im besten Fall diese Fragen beantworten und damit das leisten, was in Krisensituationen gebraucht wird. Es ist eine Beratung für Einzelpersonen oder Teams, bei der Menschen in ihrer beruflichen, privaten und persönlichen Lebenswelt im Mittelpunkt stehen. Im Coaching werden Potenziale des Rat Suchenden gefördert, damit er die vorhandenen Probleme und Aufgaben auf gesunde und stimmige Art lösen kann.

In meinen Ausbildungskursen werde ich oft danach gefragt, worin sich das Coaching von anderen Beratungsmethoden wie beispielsweise der Supervision, der Therapie, dem Training und der Mediation unterscheidet.

Unterschied von Coaching und anderen Beratungsmethoden

❖ Für mich ist **Coaching** eine Form der **zielbezogenen Beratung**, die Türen zu Veränderungsprozessen öffnet. Es hat die Aufgabe, bei der Persönlichkeitsentwicklung des Coachees Ziele zu finden, für die es sich lohnt, aktiv zu werden und etwas zu verändern.
❖ Bei der **Supervision** handelt es sich um eine Form der **prozessbezogenen Beratung**, das heißt, dem Prozess der Reflexion selbst wird hier mehr Bedeutung beigemessen als dem der Zielumsetzung.
❖ Die **Therapie** hat den Auftrag, das Symptom beziehungsweise das Leiden zu heilen. Sie ist eine Form der **symptombezogenen Beratung.**
❖ Im **Training** werden vorhandene Fähigkeiten des Einzelnen oder der Gruppe ausgebaut und durch Vermittlung neuer Inhalte erweitert. Dadurch kann beim Training von einer Form der **fähigkeitsbezogenen Beratung** gesprochen werden.

❖ Die **Mediation** ist ein Verfahren der Konfliktlösung, bei dem über einen neutralen Vermittler beziehungsweise Mediator für alle Parteien ein Weg gesucht wird, der zu einer Einigung führt. Sie ist also eine Form der **ausgleichsorientierten Beratung**.

Coaching hat immer einen Zweck-/ Zielbezug

Im Coaching wird immer auf ein bestimmtes Ziel hingearbeitet, um herauszufinden, was sich hinter der Tür verbirgt. Der Fokus liegt darauf, das Selbst- und Gesundheitsmanagement zu stärken und die eigenen Fähigkeiten zu erweitern, um Arbeitssituationen flexibler bewältigen zu können. Ferner geht es darum, Kompetenz im zwischenmenschlichen Bereich durch bewusste Interaktion und Kommunikation zu fördern. Hier werden die Fähigkeiten des Einzelnen zur Selbststeuerung und Problemlösung genutzt. Neben dem Bearbeiten der aktuellen Probleme hat das Coaching auch die Prophylaxe gegen unerwünschte Entwicklungen am Arbeitsplatz wie Mobbing und Burnout zum Ziel.

Ein Coach sollte in der Lage sein, sich an den Coachee anzukoppeln, ihn anzuleiten und zu neuen Erkenntnissen zu gelangen, die seine Handlungsoptionen erweitern. Systemisches Coaching ist für mich eine sensible Angelegenheit, die Kooperation und Feingefühl erfordert. Ich übe keine Kontroll- und Bewertungsfunktion aus, sondern habe vor allem eine Wahrnehmungs- und Feedbackfunktion.

Systemisches Coaching ist ein Veränderungsprozess auf der Basis von Kooperation. Da der Coachee selbst als Experte der anstehenden Veränderung gilt, ist er es, der Richtung und Geschwindigkeit des Prozesses bestimmt. Der Coach ist dabei sein Begleiter, der gezielte Fragen stellt und die Antworten reflektiert.

Mein persönlicher Ansatz stützt sich auf Methodenvielfalt, da meine Praxiserfahrungen gezeigt haben, dass ein Erfolg im Coaching von der Flexibilität der Interventionsmöglichkeiten des Coachs abhängig ist. Aus diesem Grund habe ich mich entschieden, zusätzliche Methoden einzubeziehen. Ich benutze sowohl die Prozessmoderation als auch den lösungsorientierten Ansatz. Das scheint sich auf den ersten Blick auszuschließen, doch bei genauer Betrachtung ergänzen sich beide Ansätze, wenn sie situationsgemäß eingesetzt werden. Meiner Erfahrung nach ist es für einige Coachingprozesse besonders wichtig, wenn der Coachee sich mit den Wurzeln seiner Lebensthemen beschäftigt und dazu gehört für mich das prozessorientierte Arbeiten. Wenn im

Coaching dieser basale Bereich ignoriert wird, werden diese Probleme immer wieder in anderer Form auftauchen. Insofern habe ich mit meiner individuellen Form des systemischen Coachings einen Weg gefunden, sehr häufig auftauchende Muster zu erkennen und ihnen optimal zu begegnen. Mein Ansatz ist also »problem-lösungsorientiert«.

Insgesamt leite ich meine Coachingmethoden von drei theoretischen Ansätzen ab:

❖ von der prozessorientierten Psychologie nach Arnold Mindell,
❖ von der lösungsorientierten Arbeit nach Steve de Shazer und
❖ vom Neurolinguistischen Programmieren (NLP) nach John Grinder und Richard Bandler.

Diese drei Ansätze, die daraus abgeleiteten Interventionsmethoden und ihre Anwendungsmöglichkeiten werde ich in diesem Buch ausführlich darstellen.

Das Arbeitsbuch »Systemisches Coaching im Management« ist gedacht als Unterstützung für professionelle und angehende Coachs, die ihre Methoden erweitern, ergänzen oder überprüfen möchten und für alle Interessierten, die sich einen Eindruck vom systemischen Coaching verschaffen wollen. Es zeigt, wie neue und bereits bekannte Interventionsmethoden angewandt und genutzt werden können. Zugleich ist es auch ein praktischer Ratgeber für Coachs.

Nach einer Einführung in die theoretischen Ansätze, von denen ich meine Coachingmethoden ableite, orientieren sich die folgenden Kapitel an den üblichen Phasen eines Coachingprozesses: Akquisitionsphase, Vorphase und Auftragsklärung, Prozessphase und Abschlussphase.

In der **Akquisitionsphase** geht es um die Schaffung der Grundvoraussetzungen für einen erfolgreichen Coachingverlauf. Daher behandelt dieser Teil die verschiedenen Klippen, die umschifft werden wollen. Dazu gehören unter anderem Fragen nach dem Auftraggeber, zur Zeiteinteilung, zur Art des Coachings und zum Honorar.

Im darauf folgenden Teil – **Vorphase und Auftragsklärung** – behandle ich die Rolle und das Selbstverständnis eines Coachs. Hier können Sie testen, warum Sie coachen, welche Rolle Werte im Coaching spielen und wie Sie Kontakt zu Ihrem Coachee aufnehmen. Außerdem erläutere ich das Thema Rang und Rangbewusstsein. Neben Vorschlägen für ein konstruktives Feedback finden Sie hier auch nützliche Tipps zur Aushandlung von Zielen.

Das Kapitel über die **Prozessphase** behandelt die Möglichkeiten der Durchführung eines Coachings anhand der drei Ansätze, mit denen ich ar-

Muster erkennen und ihnen optimal begegnen

beite. Hier lernen Sie die für den prozess- beziehungsweise lösungsorientierten Ansatz und die für das NLP typischen Interventionsmethoden aus der Praxis kennen.

Im letzten Teil schließlich erfahren Sie mehr über die **Abschlussphase** und die Form, wie ich den Abschied von meinen Coachees gestalte.

In jedem Kapitel greife ich auf Fallbeispiele aus der Praxis zurück. Sie sind so ausführlich beschrieben, dass man sie leicht nachvollziehen und zur Überprüfung der eigenen Coachingmethoden verwenden kann. Viele der besprochenen Interventionsmöglichkeiten sind als Arbeitsmaterial aufbereitet, sodass sie über Checklisten und unterschiedliche Fragestellungen für den Coachingprozess eingesetzt werden können.

Der Buchaufbau orientiert sich an den konkreten Coachingphasen im Prozess. Sie finden für jede einzelne Phase Hinweise, besondere Tipps, Interventionsmethoden und praktische Übungen.

Obwohl die Fallbeispiele anonymisiert sind, lässt sich an ihnen sehr detailliert herauslesen, bei welchen Entwicklungsproblemen Coachees Begleitung benötigen und wie diese Begleitung individuell gestaltet werden kann.

Für angehende Coachs dient der Theorieteil als Prozessanleitung, weil er eine Übersicht über die Methoden bietet, mit denen gearbeitet werden kann. Erfahrene Coachs können überall einsteigen und sich je nach ihren Interessen über Interventionsmethoden informieren, um sich Anregungen für ihren eigenen Prozess zu holen.

Noch eine Bemerkung zum Schluss: Im Englischen gelten die beiden Begriffe Coach und Coachee sowohl für die weibliche als auch für die männliche Form. Im Deutschen ist das zu meinem Bedauern nicht der Fall, wegen der besseren Lesbarkeit bin ich jedoch im gesamten Text bei der männlichen Form geblieben.

Gabriele Müller

> »Weisheit entspringt nicht so sehr aus dem Verstand als aus dem Herzen.«
> *(Peter Rosegger)*

Kapitel 1
Überblick über das
systemische Coaching

Theoretische Ansätze für das systemische Coaching

Coaching bedeutet Prozessbegleitung

Coaching ist eine Form der Prozessbegleitung und dient der Hilfe zur Selbsthilfe. Vor allem bei beruflichen Veränderungen und Kompetenzerweiterungen können durch Coaching neue Handlungsmöglichkeiten erschlossen werden. Um den Coachee optimal zu unterstützen, braucht der Coach fachliche Kompetenz, Einfühlungsvermögen, Respekt und die Liebe zu seiner Aufgabe.

Coaching ist eine Dienstleistung, die vom Coachee mit der Erwartung in Anspruch genommen wird, auf einen außergewöhnlich engagierten Coach zu treffen. Um dieses Engagement dauerhaft leisten zu können, ist es für den Coach wichtig zu klären, worin seine Motivation für das Coaching besteht.

Wie schon erwähnt, arbeite ich im Coaching »problem-lösungsorientiert«. Dieser Ansatz beinhaltet, dass es nicht einseitig nur um möglichst schnelle Veränderungen geht, sondern auch Probleme beleuchtet und bearbeitet werden

Meiner Erfahrung nach ist das Auftragsverhältnis zwischen Gruppen- und Einzelcoaching 20 Prozent zu 80 Prozent. Gruppencoaching ist ein Variante, bei der mehrere Personen gleichzeitig zusammen gecoacht werden, also kleine Teams, Projektgruppen und Abteilungen. Ein Gruppencoaching sollte nicht mehr als zwölf Personen umfassen, da die Intensität der Beziehung zwischen Coach und Gruppe sonst zu schwach ist. In der Gruppe gibt es außerdem oftmals Hemmschwellen, persönliche Themen öffentlich zu machen, was den Fluss der Kommunikation behindert und die Intensität der Erfahrungen verringert.

Gruppencoaching als Grundlage für Synergieeffekte

Gruppencoaching ist eine gute Grundlage für Synergieeffekte. Allerdings besteht dabei immer die Gefahr, dass einzelne Personen im Fokus der Aufmerksamkeit stehen und dadurch falsche Schlussfolgerungen gezogen werden können. Da das Commitment zwischen Coach und Coachee die wichtigste Grundlage für ein erfolgreiches Coaching darstellt, ziehe ich persönlich das Einzelcoaching vor.

Die Erfolge des Einzelcoachings und eine individuelle Veränderung zum Besseren können allerdings schnell wieder gefährdet werden, wenn der Ratsuchende in das ihn umgebende »System« zurückkehrt und sich in den dort vorherrschenden Verstrickungen mit seinen neuen Ansichten und Fähigkeiten nicht entfalten kann. Das passiert häufig dann, wenn nicht die ganze Umgebung des Coachees im Coachingprozess berücksichtigt wird und die Auswirkungen der Veränderung im Coaching nicht geprüft werden.

Coaching sollte deshalb immer auch das Gesamtsystem – wie zum Beispiel das gesamte Unternehmen, eine Abteilung oder die Gruppe, in der sich der Coachee bewegt –, miteinbeziehen. Menschen müssen in ihrer Gesamtheit, in ihrem ganzen Umfeld und in all ihren sozialen Beziehungen betrachtet werden, weil angestrebte Veränderungen unvorhergesehene Auswirkungen mit sich bringen können, die sich sowohl negativ als auch positiv im Ergebnis zeigen. Da nicht alle Mitarbeiter in einem Unternehmen gleiche Ziele haben, geht es mir um die Idee, wie im Coaching mit dieser Unterschiedlichkeit umgegangen werden kann.

Um das Gesamtsystem im Blick zu behalten, bietet sich der flexible Einsatz unterschiedlicher Interventionstechniken an. Es handelt sich dabei immer um verschiedene Kontexte mit eigenen Regeln, die wie alle lebendigen Systeme nicht konsequent kontrollierbar und berechenbar sind. Mir ist im systemischen Coaching wichtig, auf die besondere Art der Formulierungen meiner Coachees einzugehen und meinen Coachee in seinem System abzuholen. Dazu verwende ich verschiedene Techniken, die es ermöglichen, sowohl auf sein Gesamtsystem als auch auf seine ihm eigenen bewussten und unbewussten Prozesse einzugehen.

> »Die größte Angelegenheit des Menschen ist zu wissen, wie er seine Stelle in der Schöpfung gehörig erfülle und recht verstehe, was man sein muss, um ein Mensch zu sein.«
> *(Immanuel Kant)*

Wenn bei einem Einzelcoaching der Schwerpunkt der Zielstellung in der Erweiterung der persönlichen Kompetenz liegt und sich dafür die Methode der Timeline anbietet, ergänzen Interventionen wie beispielsweise die Arbeit mit dem Primär- und Sekundärbereich diesen Prozess.

In meiner langjährigen Praxis als Coach und Trainerin haben sich vor allem Methoden aus dem systemischen Ansatz, der prozessorientierten Psychologie und dem NLP für den Coachingprozess bewährt.

Diese drei genannten Ansätze (s. S. 17, 22, 28) lassen sich sehr gut miteinander verbinden, und es entsteht eine große Auswahl an Interventionsmöglichkeiten. Aus der Fülle der unterschiedlichen Möglichkeiten habe ich die effektivsten Methoden für das Coaching herausgefiltert und teilweise neu entwickelt. Mit ihnen lässt sich ein effizienter Veränderungsprozess erreichen, der die Wahlmöglichkeiten für den Coachee erweitert. Durch die flexible Handhabung der vorgestellten Interventionen entsteht ein sehr individueller Kontakt zwischen Coach und Coachee, und die Vielfalt von Fragestellungen schafft bei konsequenter Anwendung für alle Beteiligten eine Atmosphäre von Vertrauen und Wohlwollen.

Die **prozessorientierte Psychologie von Arnold Mindell** setzt direkt am Konflikt an und ist darum oft für Problemerkennung in der Anfangsphase des Coachings, sowie in den Fällen, in denen der Coachee ein Problem beschreibt, nützlich. Mindells Methode erlaubt es dem Coachee, sich des Problems in all seinen Schattierungen bewusst zu werden, sich in ihm zu vertiefen und durch die Auseinandersetzung neue Lösungen entstehen zu lassen. Ich achte im Coaching darauf, dass der Coachee die Bereitschaft mitbringt, sich in seiner Identität zu erleben und Lust, aber auch Schmerz wahrzunehmen, um dadurch zu reflektieren, was es heißt, an eigene Grenzen zu geraten. Durch diesen Kontakt mit sich selbst betritt der Coachee neue Lösungsräume.

Hier möchte ich erwähnen, dass es auch Anliegen ohne Probleme gibt, wie beispielsweise die Planung einer strategischen Ausrichtung. In solchen Fällen nutzt der Coachee die gezielte Fragestellung des Coachs als Reflektionsmöglichkeit seines Vorhabens.

Das Problem als Schlüssel für Veränderungen

Sobald ein respektvoller Kontakt im Klima des Vertrauens hergestellt, das Problem eingegrenzt ist und der Coach dem Coachee vermittelt hat, dass er die Problemsituation erkannt hat, gilt es im nächsten Schritt, Ressourcen zu wecken und den Fokus auf mögliche Lösungen zu richten. Dadurch kann das Problem als Schlüssel für den Veränderungsprozess genutzt werden.

Gunther Schmidt hat unter dem Stichwort »Problemlösungsbalance« etwas beschrieben, das im systemischen Coaching unbedingt zu beachten ist: *»Jedes Verhalten ist gleichzeitig Ursache und Wirkung für das Verhalten von anderen.«* Dabei gibt er zu bedenken, dass die meisten Erlebnis- und Verhaltensprozesse unwillkürlich und meist auch unbewusst ablaufen. Sie sind deswegen nicht irrational, sondern entsprechen nur einer anderen Logik.

Umfokussierung in Richtung Lösung

Der **lösungsorientierte Ansatz von Steve de Shazer** geht davon aus, dass Ergebnisse auch ohne eine detaillierte Ursachenforschung gefunden werden können. Aus diesem Grund benutze ich diesen Ansatz häufig, wenn es für den Lernprozess wichtig ist, eine Umfokussierung in Richtung Lösung zu vollziehen. De Shazer zielt auf die Veränderung der Wirklichkeitskonstruktion, das heißt, er fordert den Coachee auf, sein Problem aus einer anderen Blickrichtung zu betrachten. Parallel arbeitet er an einer Verhaltensänderung, das heißt, er macht dem Coachee klar, dass sein Problem aufhört zu bestehen, wenn er anders darüber denkt und sich anders verhält.

Ein typisches Beispiel ist die Verhaltensänderung, die eintritt, wenn der Coach dem Coachee die so genannte Wunderfrage stellt: »Angenommen es passiert ein Wunder und Ihre Probleme sind ohne Ihr Zutun über Nacht gelöst. Woran werden Sie merken, dass dieses Wunder geschehen ist?« (vgl. S. 117).

Das NLP arbeitet unter anderem auch mit den Erkenntnissen der »**logischen Ebenen**« des britischen Anthropologen **Gregory Bateson**. Durch diese Erkenntnisse ist es möglich, dem Ratsuchenden zu verstehen zu geben, auf welcher Ebene er seine Prozesse richtig einordnen kann und wo die nächsten Interventionen eine logische Zuordnung ergeben. Die »logischen Ebenen« sind als Ebenen der Kognition (der Bewusstheit) zu verstehen. Robert Dilts hat dieses Modell im Sinn von NLP folgendermaßen operationalisiert.

> Wenn Menschen von Problemen reden, dann kann man anhand ihrer Formulierungen oft schon erkennen, auf welcher Ebene das Problem angesiedelt ist (Näheres zu den logischen Ebenen s. S. 29, 126).

Es gibt die Ebene der Umwelt, des Verhaltens, der Fähigkeiten, der Werte und Glaubenssätze, der Identität und der Zugehörigkeit. Aussagen zur Identitätsebene enthalten stets Formulierungen wie »ich bin …«, »du bist …« oder »wir sind …«. Während Verhalten durchaus verändert werden und Fähigkeiten erlernt werden können, bilden die Werte und Glaubenssätze die Grundlage des menschlichen Handelns. Die Identität legt einen Menschen – zumindest tendenziell – fest, wobei sich bei der Zugehörigkeit eine übergeordnete Zuordnung ergibt, die die Sinnfrage des Lebens beantwortet.

Eine weitere nützliche NLP-Technik ist die **Timeline**. Sie beschreibt das System, in dem unser Gehirn Erinnerungen zeitlich anordnet. Dieses Wissen spielt oft beim Suchen nach vorhandenen Fähigkeiten eine Rolle und hilft neue Ressourcen zu aktivieren. Erinnerungen und Zukunftsvorstellungen werden mit der Timeline in einer Weise gespeichert, die jederzeit Unterscheidungen und zeitliche Zuordnungen ermöglichen. So kann der Coach mittels räumlicher Anker (siehe Fallbeispiel S. 143) unterschiedliche Ereignisse im Leben einer Person als »Zeitlinie« am Boden markieren. Sobald man eine bestimmte Stelle auf dieser Linie betritt, werden die entsprechenden Erinnerungen oder Fantasien aktiviert. Die Zeitlinie wird in vielen Veränderungsprozessen als Hilfsmittel eingesetzt, um Informationen zu sammeln oder um Ressourcen hinzuzufügen.

VERGANGENHEIT GEGENWART ZUKUNFT

Unwillkürliche Erlebnisprozesse

Wichtig bei dieser übergreifenden Methodenvielfalt ist die Einsicht, dass die bewussten und die steuerbaren Abläufe nur einen kleinen Teil des menschlichen Verhaltens ausmachen. Die meisten Erlebnis- und Verhaltensprozesse laufen unbewusst ab und orientieren sich nicht an rationalen Kriterien. Zudem werden im systemischen Coaching Verhalten als veränderbar und Fähigkeiten als erlernbar betrachtet. Alle Strukturen, die sich bei der Analyse der tieferen Gründe für ein problematisches Erleben erkennen lassen, gelten nur vorübergehend und nur für den Menschen, der sich in dieser Situation selbst betrachtet, beziehungsweise für den Berater, der hinzugebeten wurde.

Coaching erhöht die Wahlmöglichkeiten

Im Coaching geht es immer auch darum, dass der Coachee eine zieldienliche Veränderung erlebt. Zur Unterstützung dieser Veränderung ist es wichtig, das Ziel des Coachees in jeder Hinsicht zu respektieren. Ich verstehe meine Arbeit nicht im Sinne der Erarbeitung inhaltlicher Vorgaben für den Coachee, sondern gehe davon aus, dass durch ein Coaching die Erhöhung der Wahlmöglichkeiten im Handlungsbereich des Coachees geschieht und diese wiederum der Flexibilitätserweiterung dient. Respekt, Loyalität und Vertrauen bilden die Wurzeln für ein gelungenes Coaching. Mit dieser Grundlage fällt es mir leicht, das Konstruktive in jedem Menschen zu sehen und meinen Coachee in seinen persönlichen Entwicklungsschritten zu begleiten.

Arnold Mindell: Prozessorientierte Psychologie

Arnold Mindell, der amerikanische Psychotherapeut und Lehranalytiker in der Tradition von C.G. Jung hat die »prozessorientierte Psychologie« entwickelt. Zu Beginn des Coachings tauchen Coach und Coachee gemeinsam in das Problem ein. Um Lösungen entwickeln zu können, empfiehlt Mindell, das Problem geradezu »auszuleben«. Die bewusste Auseinandersetzung mit einem Problem bewirkt nach Mindell, dass im Coachee nach einiger Zeit Ideen entstehen, wie nicht nur die Symptome des Problems, sondern das Problem an sich gelöst werden könnte.

> »Dingen, die zu schauen und zu vernehmen lehrreich sind, erweise ich den Vorzug.«
> *(Heraklit)*

> Eine zentrale Idee, die Mindell in seiner Prozessarbeit entwickelt hat, lautet, dass die Symptome des Körpers wichtige Hinweise auf tiefer liegende Probleme und deren Lösung geben können. Er beschreibt sie als »wichtige Mitteilungen des Unbewussten«. Probleme, die nicht offen angegangen werden, teilen sich oft in Träumen, aber auch in körperlichen Symptomen, in Schmerzen, in Krankheiten, in Körperhaltungen und der gesamten Körpersprache mit. Mindell bezieht also sowohl konkrete Körpersignale als auch Träume, in denen der Klient sich selbst erlebt, in den Prozess mit ein. Bestimmte Stresssymptome wie zum Beispiel Magendruck oder Kopfschmerzen sind für Mindell nichts anderes als ein Mangel an Ausdrucksfähigkeit. Schmerzen bringen laut Mindell den Ratsuchenden dazu, über seinen Körper und das, was in seiner Welt schief läuft, nachzudenken.

Ausdrucksfähigkeit bedeutet also in diesem Zusammenhang vor allem die Möglichkeit über Schwierigkeiten zu sprechen und Unbehagen zu verbalisieren. Wer sich nicht ausdrückt, staut die Energie, die nach Ausdruck verlangt, in seinem Körper und stört damit den natürlichen Fluss seines Systems.

In seiner Theorie verwendet Mindell den Begriff »Prozess« nicht wie die herkömmliche Psychologie, wo »Prozess« als Gegenteil von »Inhalt« definiert ist. Für Mindell schließt ein Prozess den Inhalt mit ein. Er unterscheidet zwei verschiedene Arten von Prozessen:

❖ Den »primären« Prozess, das, was man mit vollem Bewusstsein erlebt. Darin eingeschlossen sind sowohl der Ablauf als auch der Inhalt des Erlebten.

❖ Und die »sekundären« Prozesse, die alle unbewussten Phänomene umfassen. Dazu gehören Körpersignale, die nur vage bewusst sind oder Träume.

Übersicht zur Unterscheidung von Primär- und Sekundärbereich

Coachee im Primärbereich (bewusst):	Im Sekundärbereich (unbewusst) äußern Coachee und Mitarbeiter in seinem Unternehmen:
»Wir haben Erfolg.«	»…, aber wer weiß wie lange!«
»Ich möchte gute Kommunikation in meiner Firma.«	»…, aber es gibt trotzdem häufig Rangeleien im Team!«
»Ich möchte, dass wir uns gut verstehen und gut miteinander umgehen.«	»…, es könnte jedoch besser sein!« »…, zwischen einigen Mitarbeitern gibt es ziemliche Spannungen!«
»Ich möchte zufriedene Mitarbeiter.«	»…, aber es gibt viele Krankheitsfälle.« »…, aber die Mitarbeiter sind trotz des Erfolges unseres Unternehmens beunruhigt über die weitere Entwicklung durch die gesamte Weltwirtschaftslage.«
»Ein gutes Klima ist nur durch offenes Feedback möglich.«	»Ich könnte ihnen öfter so richtig meine Meinung sagen beziehungsweise sie darüber aufklären, wo es mit ihrer Einstellung noch enden wird, aber das sollte ich in meiner Position lieber nicht tun!«

Erhellungseffekte durch den Blick ins Unbewusste

Alle im Primärbereich geäußerten Wünsche und Willensbekundungen sind gut gemeint, positiv und hilfreich. Aber erst, wenn sie umgesetzt werden können! Was ist jedoch, wenn es unausgesprochene Ängste und Einwände gibt? Der Coachee kommt mit der Vorannahme in das Coaching, »dass nicht sein kann, was nicht sein darf«! Kleine Störungen und Hinweise auf Inkongruenzen werden von ihm nicht wahrgenommen, schnell übersehen oder sogar verdrängt. Häufig kommen dann Äußerungen wie: »Es geschieht einfach so! Ich habe keinen Einfluss darauf. Ich habe in der besten Absicht gehandelt.« In diesem Fall besteht die nächste Intervention darin, den Coachee mit seiner Wahrnehmung in seinen Sekundärbereich zu lenken. Ihm wird so ermöglicht, »neue« Erkenntnisse in seinen Primärbereich zu integrieren.

Wenn Sie also einen Coachee mit starken Inkongruenzen erleben, ist es möglich, ihm durch die Arbeit mit dem Sekundärbereich einen Erhellungseffekt zu verschaffen.

Wer in Prozessen denkt, betrachtet die Gesamtsituation. Die verschiedenen Arten sich auszudrücken sind *»wie kleine Bäche, die in einen großen Fluss münden«.* (Mindell 2000, S. 17). Prozesse können ganz plötzlich, fast von einer Sekunde zur anderen, vom Hören ins Spüren, vom Spüren ins Visualisieren oder in die Bewegung hinüber wechseln. Mindell nennt das *»dem Fluss des Lebens folgen«.*

> »Geist ist: welche Macht die Erkenntnis über das Leben besitzt.«
>
> *(Søren Kierkegaard)*

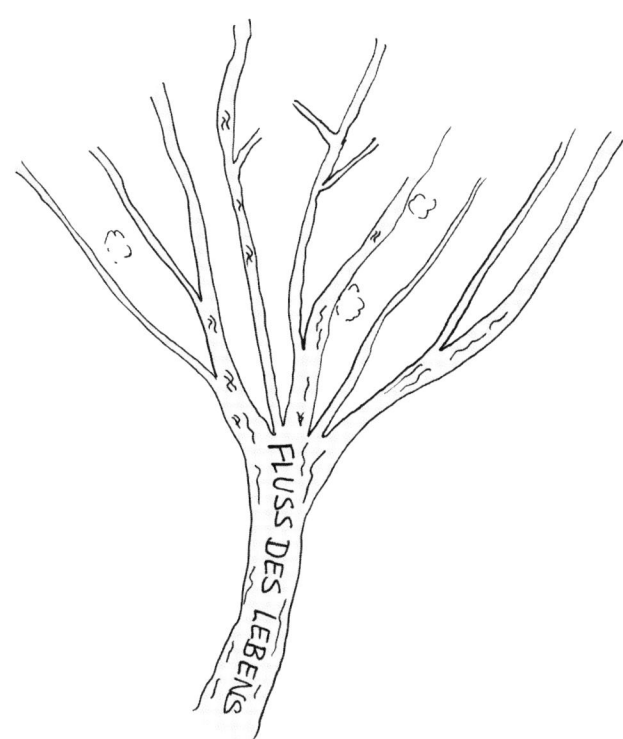

Dieser Prozess ist vergleichbar mit dem, was die chinesische Philosophie das Tao nennt. So liegt laut Mindell die Bestimmung des richtigen Zeitpunkts für eine Veränderung nicht in der Hand des Coachs, sondern sie ergibt sich durch Zeichen, die vom Individuum kommen. Das können wie anfangs beschrieben körperliche Symptome, verbalisierte Anliegen, aber auch die Sprache der Träume sein.

Ich erinnere mich an einen Coachee, der mit dem Anliegen, an seinem »Zeitmanagement« zu arbeiten, zu mir kam. In einer Nacht träumte er, dass alle Mitarbeiter an einem Tag sowohl mit privaten als auch mit beruflichen Anliegen und Problemen zu ihm kamen und um Unterstützung und Hilfe baten. Am Abend saß er völlig erschöpft an seinem Schreibtisch und hatte weder seine Aufgaben noch die Anliegen seiner Mitarbeiter gelöst. Dies machte ihn krank und er fand sich bewegungslos in seinem Bett liegend wieder. In diesem Traum ging es um Überforderung durch zu viel Verantwortung für Dinge, die der Coachee allein nicht lösen konnte.

Ich fragte ihn, was passieren würde, wenn er wie in seinem Traum, durch Krankheit längere Zeit ausfiele. An wen würde er was und auf welche Art delegieren? Mit dieser Vorstellung konnte er entscheidende Ideen entwickeln und später auch umsetzen. Die Möglichkeit, dass er für eine längere Zeit ausfallen könnte, hatte der Coachee vorher nie in Erwägung gezogen. Erst durch die erlebte Bedrohung in seinem Traum war er dafür sensibilisiert worden. Der Coachee hatte vor dem Traum noch kein explizites Wissen über seine Überforderung durch zu viel Verantwortung und konnte es daher vorher auch nicht mitteilen. Durch seinen Traum bekam er das implizite, also das Ich-nahe Wissen dazu. Durch die Kopplung dieser drei Wissensformen kam er in neue Kreativitätsprozesse bezüglich seines Zeitmanagements.

Wenn ein Mensch in Harmonie mit seinem Körper lebt, kann sich sein Körper selbstständig entspannen. Das kann man gut beobachten, sobald eine Kongruenz zwischen dem Gesagten und der Körpersprache sichtbar ist. Immer wenn der Körper gespannt ist, gibt es einen Grund dafür. Die Spannung ist ein wichtiges Signal und sie sollte nicht willkürlich aufgelöst werden.

Von Mindell stammt auch der Satz »*Für das größte Problem halte ich die Unfähigkeit der Menschen, mit ihren Gefühlen umzugehen*« (Mindell 2000, S. 37). Seine These ist, dass die westliche Kultur unter anderem die Empfindung von Schmerz ablehnt. Die Blockierung starker Gefühle schafft dann die Grundlage für negative Projektionen. Wenn jemand also zum Beispiel überhöhte Anforderungen an sich stellt und Überlastungssymptome nicht ernst nimmt, stellt er die gleichen überhöhten Anforderungen an seine Mitarbeiter und alle an seinem System beteiligten Menschen.

Mindells Therapie geht dahin, Menschen wieder lernen zu lassen, Schmerzen zu akzeptieren, sie auszuhalten und zu spüren. Es geht ihm darum, dass die Klienten in seiner Therapie eine andere Beziehung zu sich selbst und ihrem Körper aufbauen. Für den Coach kommt es in solchen Situationen darauf an, diese Erkenntnisvorgänge sehr präzise zu beobachten, zu lenken und in den Prozess mit einzubeziehen. Zeigt ein Coachee Zeichen von permanenter Überforderung wie beispielsweise Vergesslichkeit, kann er über den Prozess der Bewusstwerdung und Akzeptanz des vorhandenen Zustandes im Veränderungsprozess aktiv werden. Er wird seine Situation anders bewerten und sich dementsprechend anders verhalten.

Wie bei Einzelpersonen wird auch die Entwicklungsdynamik von Organisationen wesentlich von ungeplanten und scheinbar unvorhersehbaren Faktoren mitbestimmt. Mindells Prozessmoderation hat sich dabei als ein unentbehrliches Werkzeug zur Prozessbegleitung und Mitarbeiterführung erwiesen. Diese Methode ermöglicht es besonders den informellen, unausgesprochenen Bereich von Mitteilungen in den Blick zu bekommen. Dadurch wird der Informationsfluss eines Unternehmens in seiner Gesamtheit fassbar, wodurch wiederum Ressourcen effektiver genutzt und die Anforderungen an das Management in Krisen transparenter gemacht werden können. Bei der Prozessmoderation werden nicht nur die formellen und offiziellen Verlautbarungen in den Coachingprozess eingearbeitet, sondern auch die heimlichen Spielregeln und verborgenen Blockaden. So kann der Coach Orientierungshilfe anbieten, wo der Coachee mit einem rein kausal-linearen Denken nicht mehr weiterkommt.

Stellen Sie sich also vor, dass Sie in Ihrer Rolle als neutraler »sozialer Spiegel« fungieren. Dann tauchen Probleme wie konkurrierende Kollegen auf. Jetzt kommt es darauf an, Rückmeldung Ihrer Wahrnehmung zu geben und den notwendigen offenen Austausch mit den involvierten Personen anzuregen. Wenn Sie es dadurch schaffen, das Ausmaß sich ansammelnder Probleme als eine Gefahr für das gesamte Unternehmen darzustellen, wird allen Beteiligten klar, wie wichtig konstruktives Feedback ist (vgl. S. 89) und dass sich durch entsprechende Interventionen auch vorgeprägte Rollen verändern können.

Prozesse tragen zur Gestaltung von Regeln und regelhaften Mustern bei

Gunther Schmidt: Systemisches Denken und Handeln

Synergetisches Denken   In der Welt des systemischen Denkens gibt es keine fest stehenden Charaktereigenschaften eines Menschen, die erklären, warum eine Person so und nicht anders ist. Systemiker wie der Arzt und Psychotherapeut Gunther Schmidt, der die »**Problemlösungsbalance**« entwickelte, verstehen die Art, wie sich jemand verhält, als Teil eines Wechselwirkungsprozesses: Jedes Verhalten eines Mitglieds des Systems ist gleichzeitig sowohl Ursache als auch Wirkung des Verhaltens eines anderen Mitglieds. Wie sich ein Mensch fühlt, ist deshalb oft auch in besonderem Maße an der Beziehung oder durch die Beziehung zu anderen, durch die Wechselwirkung in diesen Beziehungen, zu erklären.

> Gunther Schmidt kommt es darauf an, Menschen nicht einfach zu etikettieren, sondern neutral festzustellen, dass sie unter bestimmten Bedingungen ein bestimmtes veränderbares Verhalten zeigen. Eigenschaften, die man einem Menschen zuschreibt, lassen sich dagegen nur schwer ändern. Darum ist es wichtig zu wissen, dass es bestimmte Verhaltensmuster gibt, die der Coach erkennen und verstehen lernen sollte. Eingefahrene Verhaltensmuster sorgen dafür, dass wir unsere Rollen spielen. Welche Verhaltensmuster Menschen entwickeln, hängt von Strukturen ab, in denen sie leben und groß geworden sind. Die Lebensformen von Menschen sind sehr vielfältig, genau so vielfältig ist ihre Art, Muster zu zeigen.

Synergetik   Verhaltensmuster entstehen im Rahmen eines Prozesses der Selbstorganisation oder Synergie. Synergetik heißt Selbstorganisation mit nicht-linearer Dynamik. Die Theorie der Synergetik beschreibt die Wechselwirkungen zwischen Elementen eines Systems und wie sich daraus kohärente Verhaltensmuster ergeben (Ordnungsstrukturen). Damit es zur Selbstorganisation kommt, damit etwas «von selbst» auftritt, müssen bestimmte Bedingungen gegeben sein:

❖ Dichte Wechselwirkung von Systemelementen.
❖ Nicht-Linearität in diesen Wechselwirkungen.
❖ Energieimport und -durchsatz von außen beziehungsweise Mobilisierung systeminterner Energiereserven.

Die Synergetik ist für den Coachingprozess so interessant, weil die genannten Bedingungen nicht nur für zahlreiche physikalische und chemische Systeme charakteristisch sind (zum Beispiel Strömungsdynamik, Wolkenformation, Laser, chemische Uhren), sondern auch für lebende Systeme (zum Beispiel zelluläre Prozesse, neuronale Netze im Gehirn) gelten. Eine Vielzahl von psychologischen und sozialen Phänomenen lässt sich dadurch beschreiben und in ihrer Ablaufdynamik untersuchen, beispielsweise motorische Koordination, visuelle Wahrnehmung, kognitive und affektive Verhaltensmuster und gruppendynamische Prozesse.

Wichtig beim systemischen Denken ist es auch, Kategorien von entweder/oder oder wenn/dann zu verlassen. Kausale und lineare Ursachen können unsere komplexe Welt nur unzureichend beschreiben. Es macht mehr Sinn, in Wechselwirkungen zu denken. Es kommt darauf an, die Muster und Regeln zu erkennen, nach denen das Verhalten eines oder mehrerer Menschen abläuft und unter welchen Bedingungen sie sich verändern. Beim systemischen Denken wendet sich die Aufmerksamkeit von einzelnen Objekten ab, um komplexe Systeme zu betrachten. Für einen Coach kommt es darauf an, dass er dem Coachee zuhört, ihn akzeptiert und beobachtet, auch nicht anwesende Personen mit in den Prozess einbezieht und seine Beobachtung gezielt rückmeldet. Wenn er dann die Muster des Coachees erkennt und ihn seine Engpässe wie zum Beispiel Scheu vor Konflikten erleben lassen kann, wird sich der Blick nicht nur für diese Situation, sondern auch für künftige Handlungsalternativen weiten.

> »Zwei Dinge unterrichten den Menschen über seine ganze Natur: Instinkt und Erfahrung.«
> *(Blaise Pascal)*

Steve de Shazer: Lösungsorientierte Kurzzeittherapie

Den Soziologen Steve de Shazer und seiner Frau Insoo Kim Berg vom Brief Family Therapy Center in Milwaukee/Wisconsin haben wir die **»lösungsorientierte Kurzzeittherapie«** zu verdanken. Diese Methode, die beide Therapeuten erfolgreich in ihrer Arbeit anwenden, hat sich im Coaching vor allem bei Managern bewährt. Vom ersten Moment an geht es bei diesem »lösungsorientierten« Ansatz darum, die Aufmerksamkeit konsequent auf die Lösung zu richten. Die Beschreibung des Problems ist dabei nur so weit interessant, als – laut Steve de Shazer – in der Beschreibung eines Problems oft schon dessen Lösung erkennbar ist. Lösungsansätze werden genau an dem Punkt deutlich, wo der Ratsuchende Situationen und Zustände beschreibt, in denen er das Problem nicht oder nur abgeschwächt hatte.

De Shazer nutzt zwei Vorgehensweisen. Er sucht die Ausnahmen vom Problem auf einer Zeitlinie in der Vergangenheit und geht – mit der Wunderfrage – auf der Zeitlinie in die Zukunft. Diese Frage ist die Zielfrage, da sie sich mit der Zeit, in der das Problem gelöst sein wird, beschäftigt. Sie lädt dazu ein, neue Räume zu betreten und damit neue Möglichkeiten zu eröffnen. Bei beiden Vorgehensweisen geht es um die Suche nach Referenzerfahrungen, wobei die eine den Weg über die Zukunft wählt und die andere den Weg über die Vergangenheit.

»Von jedem Nutzen zu ziehen zu verstehen, ist ein nützliches Wissen.«
(Baltasar Gracian)

Diese »Ausnahmen«, gleichgültig ob sie bewusst erzeugt wurden oder ob sie nur zufällig aufgetreten sind, werden als Lösungsschlüssel aufgefasst. Sobald sie identifiziert sind, dreht sich die gesamte Coachingsitzung – wenn man nach dem Ansatz von Steve de Shazer arbeitet – nur noch darum, diese Ausnahmen dazu zu nutzen, eine Bewältigungsstrategie für das Problem zu erarbeiten. Über die Frage nach den Ausnahmen gelingt es dem Coach, dem Gesprächspartner seine Fähigkeiten für die aktive Problemlösung bewusst zu machen.

Eine modifizierte Coaching-Sitzung nach Steve de Shazer kann vereinfacht nach folgendem Schema ablaufen:

❖ Der Coachee schildert sein Problem.

❖ Es wird nach Ausnahmen gesucht: Wann tritt dieses Problem nicht auf, obwohl man es eigentlich erwarten könnte? Welche Bedingungen sind erfüllt, wenn das Problem nicht auftritt?

Ausnahmen – Ziele – Hausaufgabe

❖ Es werden Ziele aufgestellt, die der Coachee erreichen will.

❖ Es werden mögliche Lösungsansätze aufgrund der Analyse der Ausnahme erarbeitet.

❖ Der Ratsuchende erhält die Hausaufgabe, bis zum nächsten Coaching auf alle auftretenden Ausnahmen zu achten und diese schriftlich festzuhalten.

Für die »Kurzzeitarbeit« mit Ratsuchenden haben sich besonders die folgenden Fragen bewährt:

Fragen nach den Ausnahmen vom Problemen

Vergleicht man Zeiten, in denen das Problem auftritt, mit solchen, wo das Problem nicht auftritt, werden die Bedingungen eines Problems und damit auch dessen mögliche Beseitigung deutlich. Dazu empfehlen sich folgende Formulierungen:

❖ Wie oft, wann und wo ist das Problem nicht aufgetreten?

❖ Was haben Sie und andere in dieser Zeit anders gemacht?

❖ Wie haben Sie es da geschafft, das Problem nicht auftreten zu lassen?

❖ Wie könnten Sie mehr von dem machen, was Sie in Nicht-Problem-Zeiten gemacht haben?

Die Wunderfrage

Oft sagen Menschen, die in ihrem Problem verstrickt sind, es gäbe überhaupt keine Ausnahme. Stellen Sie in solchen Situationen die Wunderfrage: »Angenommen, es passiert während Sie nachts schlafen ein Wunder. Sie wachen morgens auf und Ihr Problem beziehungsweise Ihre Schwierigkeiten sind gelöst, ohne dass Sie dies bewusst gemerkt haben. Woran werden Sie am nächsten Tag (und in den folgenden Wochen) merken, dass das Wunder passiert ist?« – Dazu empfehlen sich folgende Formulierungen:

Wunder

❖ Was würden Sie danach als Erstes anders machen, und was würden Sie als Zweites anders machen?

❖ Was würden die Menschen um Sie herum danach anders machen?

❖ Wenn Sie etwas anders machen würden, wie würden die Menschen um Sie herum darauf reagieren?

❖ Wer wäre am meisten überrascht davon?

❖ Wie sähe die Beziehung zwischen Ihnen und den Menschen in Ihrer Umgebung einen Monat, ein halbes Jahr oder ein Jahr nach dem Wunder aus?

Veränderungen vorstellen

Mit der Wunderfrage wird unverbindlich angetestet, ob jemand sich Veränderungen vorstellen kann, ohne gleich für deren Ausführung verantwortlich sein zu müssen. Zum anderen verliert das Wunder, wenn man darüber redet, seine Übernatürlichkeit, und dadurch entsteht zwangsläufig der Eindruck, dass sich die eigenen Wünsche auch durch normale Anstrengungen erfüllen lassen. Im Grunde genommen soll der Coachee dadurch begreifen, dass er die Ausnahmen auch für ein Wunder oder ein »Bisschen-Wunder« hält.

… als wäre das Wunder schon geschehen

Oft macht es auch Sinn, einem Ratsuchenden den Tipp zu geben, sich einmal am Tag für einen Zeitraum von 10 oder 20 Minuten so zu verhalten, als ob das Wunder oder ein kleines Wunder bereits geschehen sei.

Da beim Kurzzeitansatz sehr konzentriert auf Veränderungen hingearbeitet wird, gehören »Hausaufgaben« zu den wesentlichen Elementen dieses Coachings. Je nachdem, wie aktiv der Betroffene selbst etwas zur Verbesserung der eigenen Situation beitragen möchte, gibt es Hausaufgaben, die von der Beobachtung des eigenen Verhaltens bis hin zum Absolvieren verhaltensrelevanter Aufgaben führen. Mögliche Aufgaben sind:

❖ »In der Zeit bis zur nächsten Sitzung möchte ich, dass Sie genau beobachten, was in Ihrem Arbeitsleben so bleiben soll wie bisher.«
Der Fokus der Aufmerksamkeit richtet sich auf positive Ereignisse, die normalerweise nicht im Bewusstsein des Betreffenden präsent sind und so helfen können, negative Denkmuster zu durchbrechen.

❖ »Machen Sie einmal etwas ganz anders« oder »werfen Sie beim nächsten Mal, wenn Sie sich nicht entscheiden können, eine Münze, die entscheidet, ob Sie etwas tun oder nicht.«

Hausaufgaben zur Reflexion

Wichtig ist eine Hausaufgabe, die darin besteht, dass der Betroffene darauf achtet, was er tut, wenn ein bestimmtes Verhalten, das er als problematisch beschrieben hat, an den Tag legt. So passiert es häufig, dass durch die Reflexion die ersten Verhaltensänderungen als Wunsch geäußert werden. Wenn der Coachee das zum ersten Mal bewusst an sich erlebt, können Sie mit ihm Verhaltensalternativen erarbeiten, diese dann wiederum als Hausaufgabe reflektieren lassen, um ihn anschließend durch die Fokussierung Stück für Stück in den Veränderungsprozess zu führen.

Durch die Beobachtung seines Verhaltens soll der Coachee von der Annahme weggeführt werden, sein Problemverhalten habe nichts mit ihm selbst zu tun und befinde sich außerhalb seiner Kontrolle.

Erwachsene, aber auch junge Menschen finden laut Steve de Shazer alle Ressourcen, die ihnen helfen, ihre Probleme in den Griff zu bekommen, in sich selbst.

Ressourcen liegen in einem selbst

> Steve de Shazer spiegelt dieses Wissen seinen Klienten, indem er ihnen gleich zu Beginn der ersten Sitzung eine Frage stellt, die sich im Coaching bewährt hat: »*Ich habe die Erfahrung gemacht, dass in der Zeit zwischen der Anmeldung zu diesem Termin und der ersten Stunde eine Veränderung stattfindet, die dazu dienen soll, ein bestimmtes Problem zu lösen. War das bei Ihnen auch so?*«
>
> Bei einer positiven Antwort wird er konkreter: »Was genau haben Sie anders gemacht« oder: »Was hat Ihnen dabei geholfen?«

So werden Tätigkeiten, bei denen die Schwierigkeiten sich von selbst gelöst haben, präzise beleuchtet. Bei gezielter Nachfrage zeigt sich laut Steve de Shazer, dass zwei Drittel der angemeldeten Klienten bereits vor dem Erstgespräch Veränderungen wahrgenommen haben, die zur Lösung der identifizierten Probleme beitragen können beziehungsweise beitrugen.

Erstgespräch

Bei einer negativen Antwort ist seine Erstintervention die Wunderfrage.

Richard Bandler/John Grinder:
Das Neurolinguistische Programmieren (NLP)

Neurolinguistisches Programmieren ist eine äußerst effektive Kommunikationstechnologie, die Erkenntnisse der Psychologie und der Gehirnforschung gleichermaßen verbindet. Es wurde von den Amerikanern J. Grinder (Linguist) und R. Bandler (Psychologe, Mathematiker) entwickelt.

❖ **Neuro** bedeutet, dass jedes menschliche Verhalten, jeder Körperzustand und jedes Denken im Gehirn durch neuronale Verknüpfungen repräsentiert ist und durch diese Verknüpfung wiederum organisiert wird. Dies gilt gleichermaßen für erwünschtes und unerwünschtes Verhalten.
❖ **Linguistisch** heißt, dass wir über diese Verknüpfungen mit Hilfe unserer Sprache kommunizieren können. Wörter sind so gesehen lediglich neuronal gespeicherte Codes für die Sinneseindrücke der Außen- und Innenwelt. Die Struktur von Sätzen verknüpft diese Sinneseindrücke zu ganzheitlichen Bildern und Erfahrungen.
❖ **Programmieren** bezieht sich auf den Vorgang, durch den wir mit Hilfe der Sprache Gedanken entwickeln, die wiederum die neuronalen Verknüpfungen von unerwünschtem Verhalten und Befinden in eine gewünschte Richtung positiv verändern.

NLP ist eine Gebrauchsanweisung zur Nutzung, Entfaltung und Weiterentwicklung menschlicher Fähigkeiten. Es wurde aus der Beobachtung besonders erfolgreich kommunizierender Menschen entwickelt und hat sich insbesondere bei der Verbesserung von Kommunikationsverhalten, zur Motivationssteigerung und der Ausrichtung von zielgerichtetem Handeln und Verhandeln bewährt. NLP wird heute in allen Bereichen eingesetzt, in denen Menschen kommunizieren: Management, Gesundheit, Therapie, Coaching, Verkauf, Sport, Pädagogik, Beratung, Kundenorientierung und Organisationsentwicklung.

NLP als Instrument für viele Bereiche der Kommunikation

Auf einige NLP-Techniken werde ich im Verlauf dieses Buches noch eingehen. Dazu gehören: Pacen, Leaden, Kalibrieren, die Arbeit mit Wahrnehmungspositionen, Metaphern und Symbolen.

Robert Dilts: Die »logischen Ebenen«

Der britische Anthropologe Gregory Bateson hat in den 60er-Jahren sechs »logische Ebenen« definiert, auf denen sich das Verhalten von Individuen abspielen kann. Bateson benennt die folgenden Ebenen:

Logische Ebenen

- ❖ Die Ebene der Umwelt.
- ❖ Die Ebene des Verhaltens.
- ❖ Die Ebene der Fähigkeiten.
- ❖ Die Ebene der Werte und Glaubenssätze.
- ❖ Die Ebene der Identität.
- ❖ Die Ebene der Zugehörigkeit.

Diese Ebenen bilden eine Klassifikationshierarchie. Je höher die Ebene, umso stärker die Veränderung. Zum Beispiel zieht eine Veränderung auf der Verhaltensebene keine Veränderung auf der Identitätsebene nach sich. Im umgekehrten Fall kann eine Veränderung auf der Identitätsebene eine Veränderung auf jeder der darunter liegenden Ebene mit sich bringen.

Veränderungen auf den verschiedenen Ebenen

Auf Batesons Theorie aufbauend hat Robert Dilts, einer der Mitentwickler des Neurolinguistischen Programmierens (NLP), das Format der »logischen Ebenen« weiterentwickelt.

Dilts teilt die »logischen Ebenen« wie Bateson auf und beschreibt sie für seinen Ansatz folgendermaßen:

- ❖ **Die Ebene der Umwelt:** Die Ebene der Umwelt beschreibt sowohl zwischenmenschliche Beziehungen als auch äußere Rahmenbedingungen wie die Einrichtung des Arbeitsplatzes.
- ❖ **Die Ebene des Verhaltens:** Damit sind alle Aktionen gemeint, die wir in unserem Berufslebens ausführen. Verhalten ist das, was wir konkret tun.
- ❖ **Die Ebene der Fähigkeiten:** Fähigkeiten sind Verhaltensweisen, die man geübt hat, sehr gut kann und fast automatisch beherrscht. Wer zuverlässig und professionell arbeitet, bewegt sich auf der Ebene der Fähigkeiten.

> **Achtung:** Wer seine Erfolge damit begründet, dass er einfach nur Glück gehabt hat, bewegt sich auf der Ebene des Verhaltens: Mal geht etwas gut und mal nicht.

❖ **Die Ebene der Werte und Glaubenssätze:** Auf dieser Ebene sind die Gründe festgelegt, weshalb wir etwas tun. Diese Ebene beschäftigt sich mit unseren Überzeugungen und dem, was uns wichtig ist. Gemeinsame Überzeugungen und Werte schaffen Bindungen innerhalb einer jeden Organisation. Sie sind daher der eigentliche »Klebstoff«, der alle zusammenhält.

❖ **Die Ebene der Identität:** Viele Unternehmen haben eine eigene Identität, die oft schon von den Gründern definiert wurde. Identität ist unsere innerste Überzeugung von dem, wer wir sind und was unsere Aufgabe im Leben ist. Identität drückt sich zum Beispiel aus in dem Satz: »Ich bin Unternehmer und nicht Unterlasser« oder: »Ich bin selbstständig, das heißt für mich selbst und ständig, also nicht kurzzeitig.«

❖ **Die Ebene der Zugehörigkeit:** Hier geht es zum einen um unsere berufliche, familiäre, gesellschaftliche oder wie auch immer geartete Zuordnung. Es ist die tiefste Ebene, wo sich tief greifende Fragen auftun: Warum sind wir auf der Welt? Was ist der Sinn des Lebens? Diese spirituelle Ebene leitet und formt unser Leben und gibt unserer Existenz eine Grundlage.

Um die Arbeit auf den verschiedenen Ebenen zu verdeutlichen, hier ein Beispiel:

Die Servicemitarbeiter einer Firma empfanden es als eine Bedrohung, als sie von der Geschäftsleitung beauftragt wurden, bei ihren Kundendienstbesuchen zusätzliche Leistungen oder Produkte zu verkaufen. »So was machen wir nicht«, lautete die empörte Antwort. Bei genauerer Betrachtung wurde klar, dass sich diese Mitarbeiter nicht so sehr gegen die Neudefinition ihrer Arbeit, sondern vielmehr gegen die Übernahme einer Tätigkeit wehrten, die nicht zu ihrem Selbstverständnis passte. Als Servicemitarbeiter auch noch »Klinkenputzer« spielen zu müssen, wurde in diesem Zusammenhang als ein Angriff auf die eigene Identität wahrgenommen. Damit wurde eine zentrale Größe angegriffen. Hätte man die zusätzlichen Aufgaben mit einem Appell auf der Fähigkeitsebene eingeführt, wären die Reibungsverluste sicherlich nur gering gewesen.

Ein anderes Beispiel, um die »logischen Ebenen« zu verstehen, ist die folgende Aussage: »Ich kann das hier nicht tun.« »Ich« ist die Identität der Person, »kann nicht« bezieht sich auf ihren Glauben, »tun« drückt ihre Fähigkeit aus, »das« zeigt ein Verhalten an, »hier« steht für die Umwelt, »das nicht tun« heißt, man kann ein bestimmtes Verhalten nicht zeigen. Allein durch die Betonung eines Wortes in diesem Satz gibt der Coachee wichtige Hinweise darauf, auf welcher »logischen Ebene« der Coach mit dem Coaching starten sollte.

Dieser Vorgang wird »**stimmliches Markieren**« genannt. Wenn jemand sagt: »Ich kann das hier nicht tun« und betont das Wort »kann«, dann könnte man fragen: »Was hält Sie davon ab?«. Wenn jemand die Betonung auf »das« richtet und meint, etwas nicht tun zu können, könnten Sie fragen: »Was genau können Sie nicht tun?«. Darauf zu achten, welche Wörter jemand durch seine Stimme oder Körpersprache betont, ist ein Weg zu erkennen, welche Geschehnisse oder welche »logische Ebene« zu hinterfragen sind.

Körpersprache

Eine andere Strategie wäre es, dem Betreffenden für einige Minuten zuzuhören und darauf zu achten, welche »logischen Ebenen« er am häufigsten anspricht. Darin zeigt sich, wo sein Denken eingeschränkt ist – ein guter Ansatzpunkt, um mit dem Hinterfragen zu beginnen.

Richard Bandler, Wyatt Woodsmall und Tad James: Timeline

Das Konzept der Zeitlinien (Timeline) geht auf Richard Bandler, Wyatt Woodsmall und Tad James zurück.

> Im Mittelpunkt der Timeline steht die Frage, wie unser Gehirn Zeit verarbeitet, wie es in der Lage ist, die Zukunft von der Vergangenheit zu unterscheiden und wie die Ereignisse, aus denen die Vergangenheit besteht, abgespeichert werden. So haben Menschen zum Beispiel den Eindruck, dass innere Bilder umso weiter von ihnen entfernt sind, je weiter zurück das Ereignis in der Vergangenheit liegt. Dieser Eindruck entsteht, weil unser Gehirn zeitliche Abstände in räumliche Abstände übersetzt.

Üblicherweise laufen diese Wahrnehmungen unbewusst ab, man kann sie sich aber mit dem NLP bewusst machen. So wird die Timeline ermittelt, indem der Coach den Coachee bittet, sich an Ereignisse zu erinnern, die zum Beispiel einen Monat, ein Jahr, fünf Jahre, zehn Jahre, 20 Jahre zurückliegen. Dabei achtet er darauf, dass die Ereignisse eher alltäglich und nicht sehr emotional sind. Er bittet bei jeder Erinnerung darum, dass die Position und die Entfernung des inneren Bildes im Raum angegeben wird. So verfährt er sowohl mit vergangenen als auch mit zukünftigen Ereignissen. Zieht er dann anschließend eine Verbindungslinie von den frühesten Erinnerungen bis zur Zukunftsvision, erhält er die Zeitlinie dieser Person.

Jeder Mensch hat seine eigene Zeitlinie, allerdings bestehen zwei grundsätzliche Varianten: Es gibt Zeitlinien, die durch den Körper der jeweiligen Person hindurchgehen und andere Zeitlinien, die vollständig außerhalb des Körpers verlaufen. Die Zeitlinie, die vollständig außerhalb des Körpers ver-

Zeittypen läuft, wird auch mit den Worten »durch die Zeit« charakterisiert. Wer seine Zeit so speichert, hat ein klares Empfinden für die Dauer der Zeit und ist von seinen Erinnerungen emotional relativ weit entfernt. »Durch-die-Zeit«-Menschen sind häufig ausdauernd, sie werden zum Beispiel ihre Projekte mit großer Wahrscheinlichkeit beenden, aber ihre Fähigkeit, lange im Hier und Jetzt zu sein, ist nicht sehr ausgeprägt. Sie können sich oft nicht gut konzentrieren, Hektik lenkt sie ab und bringt sie leicht aus der Ruhe.

»In der Zeit« dagegen leben Menschen, bei denen die Zeitlinie durch ihren Körper hindurchgeht. Ihre Selbstkonzeption besteht darin, die Zeit hauptsächlich im Hier und Jetzt zu erleben. »In-der-Zeit«-Menschen möchten ein ungebundenes Leben führen, sie planen ihre Zukunft nicht gern voraus und nehmen alles lieber so, wie es kommt.

Ganz deutlich wird der Unterschied zwischen den beiden Zeittypen bei der Terminplanung und das ist wiederum wichtig für den Coachingprozess, weil »Durch-die-Zeit«-Menschen gern alle Coaching-Termine im Voraus planen, »In-der-Zeit«-Menschen hingegen bevorzugen eher die Termine von einem zum anderen Treffen festzulegen. Bei ihnen kann es auch passieren, dass sie spontan um Verlängerung des Coachings bitten, wenn es gut läuft.

Kapitel 2
Die Akquisitionsphase

Das Erstgespräch

Grundannahmen des Handelns

Wenn ich mich als Coach auf ein Gespräch – besonders auf Erstgespräche in der Akquisitionsphase – vorbereite, gehört dazu auch, dass ich mir die Grundannahmen meines Handelns vergegenwärtige. Sie stimmen mich auf die Situation ein, denn sie bilden die Basis für eine sachliche, zugewandte und vorurteilsfreie Kommunikation und wirken sich darum in Gesprächen aller Art ausgesprochen konstruktiv aus. Die folgenden Grundannahmen habe ich aus den verschiedenen Ansätzen zusammengestellt und für meinen Weg des systemischen Coachings modifiziert:

> »Menschen reagieren auf ihr Bild der Realität, nicht auf die Realität selbst:
> Die Landkarte ist nicht das Territorium,
> die Speisekarte nicht das Menü,
> ein Organigramm ist nicht die Organisation.«

Das Erleben der Wirklichkeit ist das Ergebnis der Wahrnehmungsfokussierung

So etwas wie eine »objektive Wirklichkeit« außerhalb des Betrachters ist durch die Sinne nicht wahrnehmbar. Wahrnehmung geschieht, indem die nahezu unendliche Anzahl von äußeren Reizen reduziert wird. Diese Reduktion findet zum Beispiel durch Tilgung, Generalisieren und Verzerren statt. Es entsteht so etwas wie eine innere subjektive Landkarte der Wirklichkeit. Jede Stelle dieser Landkarte ist durch Erfahrungen, Hoffnungen, Einstellungen und Glaubenssätze entstanden. Diese Karten sind die Grundlage unserer Handlungen und Kommunikation. Jede Veränderung dieser Verbindungen verändert das Erleben und so auch die Handlungsfähigkeit eines Menschen.

❖ **Die Basis für wirksame Kommunikation ist Rapport.**
Rapport herzustellen bedeutet, anderen in ihrem Modell der Welt zu begegnen. Rapport ist die unmittelbare Kontaktaufnahme in einem Klima der Wertschätzung und des Vertrauens. Durch Rapport kann Coaching, die Landkarte so zu verändern, dass Kommunikationsfähigkeit, Lebensfreude, Motivation und Zufriedenheit entstehen beziehungsweise verstärkt werden können.

❖ **Menschen treffen stets die beste Entscheidung, die sie zu einer gegebenen Zeit treffen können.**

Sie wählen den effektivsten Weg, den sie zurzeit kennen. Gleichgültig wie kontraproduktiv und unverständlich das Verhalten einer Person sein mag: Es ist die beste Möglichkeit, die ihr zu dieser Zeit auf der Grundlage ihrer Karte von der Welt zur Verfügung steht. Zeigt man der Person innerhalb ihrer Landkarte eine bessere Möglichkeit auf, dann wird sie diese wahrnehmen.

❖ **Wenn etwas nicht funktioniert, probiert man etwas anderes aus.**

Wählen Sie für sich eine Landkarte, mit der Sie Zugang zu den vielfältigsten und reichhaltigsten Möglichkeiten erhalten. Verhalten Sie sich immer so, dass sich die Anzahl an Möglichkeiten vergrößert. Der Mensch mit der größten Anzahl an Möglichkeiten, also der größten Flexibilität der Gedanken und Verhaltensweisen, hat bei jeder Interaktion die größten Chancen.

❖ **Energie fließt dahin, wo die Aufmerksamkeit fokussiert ist.**

Wenn Sie bei Ihrem Coachee feststellen, wo die Aufmerksamkeit fokussiert ist, können Sie sicher sein, dass dort auch die Quelle seiner Energie liegt.

❖ **Wesentlich für den Wandel ist die Vorstellung eines Zustandes ohne Schwierigkeit beziehungsweise Symptom.**

Der Fokuswechsel vom Problem zur Lösung kann nur vollzogen werden, wenn die Aufmerksamkeit auf die Lösung gerichtet wird.

❖ **Ausnahmen vom Problem können zur Konstruktion von Lösungen genutzt werden.**

Mit der Suche nach Ausnahmen schaffen Sie in der Vergangenheit positive Referenzerfahrungen, die für den weiteren Prozess zieldienlich sind.

❖ **Menschen haben alle Ressourcen, die sie brauchen, um ihre Probleme zu lösen.**

❖ **Der Coachee ist selbst der Experte für seine Lösungen.** Alles, was Sie benötigen, um die angestrebten Veränderungen zu erreichen, ist schon vorhanden oder kann leicht beschafft werden.

Wenn Sie diese Ideen wie eine Grundausstattung für Ihre Arbeit ansehen und benutzen, sind Sie gut vorbereitet für alle weiteren Schritte, aber vor allem für das Erstgespräch in der Akquisitionsphase. Allgemeine Regeln für eine erfolgreiche Auftragsakquisition lassen sich nur bedingt aufstellen, weil jeder seinen persönlichen Stil finden und entwickeln sollte. Ich gebe Ihnen mit den folgenden Punkten einige allgemeine Hinweise, wie sich im Erstgespräch mit dem Kunden die am häufigsten auftauchenden Klippen umschiffen lassen.

Persönlicher Stil

Erste Klippe: Wer ist der Auftraggeber?

Wirklicher Auftraggeber

Beim Erstgespräch mit einem potenziellen Kunden besteht die wichtigste Aufgabe des Coachs darin herauszufinden, wer der wirkliche Auftraggeber ist. In den meisten Fällen begegnen mir als Coach und Trainerin diese drei typischen Situationen:

In einem Unternehmen wurde beschlossen, ein Coaching für einen oder mehrere Mitarbeiter durchzuführen und ein Personalleiter (in der Funktion eines Maklers oder Vermittlers) sucht für die jeweils vorgesehenen Personen einen geeigneten Coach. Häufig liegen den Personalentwicklern Informationen aus dem Assessment oder aus Audits vor, beispielsweise anhand von Stärken-Schwächen-Analysen. Dadurch hat der Personalleiter eine Orientierung, was die Führungskraft braucht und welcher Coach für ihn geeignet sein könnte.

Ein Vorgesetzter kommt auf mich zu und möchte, dass ein ihm unterstellter Arbeitnehmer von mir gecoacht wird.

Der Coachee hat allein den Entschluss gefasst, sich von mir coachen zu lassen und holt sich einen Termin.

Freiwilliges versus verordnetes Coaching

In den ersten beiden Fällen handelt es sich um ein verordnetes Coaching, im letzten Fall um ein freiwilliges Coaching. Das verordnete Coaching wandelt sich in ein freiwilliges, wenn der Coachee über den Coachingprozess informiert und mit ihm einverstanden ist. Diese erste Unterscheidung ist für den Anfang sehr wichtig, weil sie ein jeweils anderes Vorgehen in der Gesprächsführung impliziert.

Erst wenn diese Unterscheidung getroffen ist, kann ich mit dem nachfolgenden Fragenkatalog als Gesprächsleitfaden weiterarbeiten.

Angebot und Fragenkatalog für den Auftraggeber

Bezeichnung des Auftrags (Einzel- oder Gruppencoaching)

_____

_____

Auftraggeber
(hier ist nicht der Coachee gemeint, sondern der Personalleiter oder Vorgesetzte)

Name _____   Funktion _____

Telefonnummer _____   Faxnummer _____

Auftragnehmer *(falls der Coach in einem großen Unternehmen arbeitet)*

Name _____   Funktion _____

Telefonnummer _____   Faxnummer _____

Themen

Es handelt sich um Themen wie … (Mehrfaches Ankreuzen ist möglich!)

❑ Zeitmanagement
❑ Reflexion meines Führungsstils
❑ Umgang mit Veränderungsprozessen
❑ Meine spezifische Ausrichtung
❑ Erweiterung meiner persönlichen Kompetenzen

Anlass des Coachings

_____

_____

Mit dieser Übersicht soll geklärt werden, woran der Auftraggeber erkennt, dass der Auftragnehmer seinen Beitrag erfüllt hat.

Ziele des Auftrags   **Messkriterien**

1. _____   1. _____

2. _____   2. _____

3. _____   3. _____

Ausstiegskriterien

Von Seiten des Auftraggebers

_____

Von Seiten des Auftragnehmers (Coach)

_____

Termine

Frühester Starttermin _____   Frühester Endtermin _____

Dauer in Monaten _____

Geplante Kapazitäten und Kosten

Vor- und Nachbereitung

   Wie viele Coaches werden benötigt?   _____

   Wie viele Tage pro Person?   _____

   Geplante Kosten   _____

Anfallende Nebenkosten

Hotel-, Reisekosten   _____

Geplante Kosten insgesamt   _____

Ansprechpartner beim Auftraggeber

Mitarbeiter intern (Sekretärin)   _____

                                     Telefon _____ Fax _____

Mitarbeiter intern (Assistentin)   _____

                                     Telefon _____ Fax _____

Mitarbeiter extern   _____

                                     Telefon _____ Fax _____

Der Auftrag wird mit dem hier festgelegtem Inhalt und Umfang vereinbart.
Wird ein Coaching erst eine Woche vor dem vereinbarten Termin abgesagt oder
verlegt, so sind 50 Prozent des Honorars zu begleichen. Bei einer Absage oder Verlegung ab einen Tag vor dem vereinbarten Termin sind 100 Prozent zu zahlen.
Härtefälle (zum Beispiel Krankheit, höhere Gewalt) werden gesondert geregelt.

Ort, Datum _____

_____   _____

Auftraggeber   Auftragnehmer

Zweite Klippe: Verordnetes Coaching

Insbesondere, wenn es sich beim Auftraggeber um einen Vorgesetzten handelt, besteht beim verordneten Coaching die Gefahr, dass der Coachee sich durch die Maßnahme von oben verunsichert fühlt, sie nicht akzeptiert oder nicht versteht, warum er gecoacht werden soll. Aus diesen Gründen muss mit dem Auftraggeber von vornherein geklärt werden, ob und wenn ja, wie mit dem Coachee über das Anliegen gesprochen wurde. Hat beispielsweise die Geschäftsführung den Auftrag erteilt, den Personalreferenten zu coachen, lauten die ersten Fragen:

Ist der Coachee informiert?

❖ Möchte er gecoacht werden?
❖ Weiß er, dass er gecoacht werden soll?
❖ Weiß er, worum es geht und worum es gehen soll?
❖ Kennt er die Ziele des Auftraggebers?
❖ Verbindet er eigene Ziele mit dem Coaching?

> Es muss immer Transparenz über den Auftrag bestehen, aber besonders gilt das, wenn er verordnet ist. Wenn der Auftraggeber nicht bereit ist, die Entscheidung, ob er gecoacht werden will, dem Coachee zu überlassen, ist der Coach in einer Zwickmühle, solange er nicht deutlich macht, dass er keinen »Fremdheilungsauftrag« ausführen kann. Der Coach muss deutlich machen, dass nur der Coachee die Entscheidung für ein Coaching treffen kann.

Diese Fragen sind auch von großer Wichtigkeit, weil der Coach unter Umständen mit einer frühzeitigen Bereitschaft zum Vertragsabschluss mit seiner Unterschrift in eine Falle tappen kann. Wenn beispielsweise der Vorstand den Geschäftsführer coachen lassen will, der Coach aber nur mit dem Vorstand verhandelt hat, fehlt das Gespräch mit dem eigentlichen Coachee.

Da davon auszugehen ist, dass dies dem Vorstand bewusst ist, könnte es sich unter Umständen um einen Test handeln, ob sich der Coach professionell verhält.

Wenn ein Coach nur darauf hinweist, was ein freiwilliges Coaching ist, die Bedingungen dafür aufzählt und den Vertrag bereitwillig unterschreibt, ohne vorher mit dem Coachee gesprochen zu haben, ist der Auftrag in Frage zu stellen. Wenn der Coachee noch nicht über das Coachingvorhaben und die Ziele seines Vorgesetzten unterrichtet ist, sollte der Auftraggeber darauf hingewiesen werden, dass es prinzipiell besser ist, wenn er diese Punkte mit dem Coachee allein abspricht. Bei einem gewünschten Dreiergespräch zusammen mit dem Coach ist zu beachten, dass bestimmte Rahmenbedingungen eingehalten werden:

❖ Es sollte geklärt werden, warum gerade »dieser Coach« für den Coachingprozess ausgesucht wurde.
❖ Der Anlass des Coachings muss offen angesprochen werden.
❖ Mit dem Hinweis auf die Schweigepflicht wird dem Auftraggeber verdeutlicht, dass er kein Recht darauf hat, etwas über den Prozess oder die Einschätzung der Probleme des Coachees zu erfahren. Wenn die ersten Erfolge sichtbar werden, passiert es allerdings oft, dass der Coachee Transparenz über seine Fortschritte wünscht und möchte, dass sein Chef erfährt, zu welchen Ergebnissen er gekommen ist. Eine Informationspflicht gibt es nicht.

Schweigepflicht Beim verordneten Coaching ist es außerdem notwendig, mit dem Auftraggeber ein Commitment bezüglich seiner Schweigepflicht zu vereinbaren beziehungsweise ihn zu bestimmten Verhaltensweisen gegenüber dem Coachee zu verpflichten. Solange der Coachee es wünscht, muss auch der Chef über die Tatsache, dass sein Mitarbeiter gecoacht wird, schweigen. Allein der Coachee darf bestimmen, wer in der Firma etwas vom Coaching erfahren darf und wer nicht. Falls der Arbeitgeber vom Coachee eine Rückmeldung über die Arbeit des Coachs wünscht – zum Beispiel um zu erfahren, ob sich seine Investition lohnt –, sollte eine Übereinstimmung darüber bestehen, dass der Coachee nur danach gefragt wird, wie er seinen Coach im Prozess erlebt hat.

Freiwilliges Coaching

Bei einem freiwilligen Coaching tritt der Coachee selbst mit einem Anliegen oder mit einer klaren Zielvorstellung ratsuchend an den Coach heran. Der Coachee kennt sein Problem, weiß, dass er zur Problemlösung einen eigenen Beitrag leisten muss und sieht den Coach als reflektierende Unterstützung.

Dritte Klippe: Zeitplanung

Beim Coaching geht es häufig um folgende Themen, für die Sie jeweils unterschiedlich viele Sitzungen einplanen müssen.

- ❖ **Zeitmanagement:** 3–10 Sitzungen (Doppelstunden).
- ❖ **Führungsstil:** 10–15 Sitzungen.
- ❖ **Erweiterung persönlicher Kompetenzen:** 10–15 Sitzungen.
- ❖ **Umgang mit Veränderungsprozessen:** 10–15 Sitzungen.
- ❖ **Strategische Ausrichtungen:** 10–15 Sitzungen.

Da diese Themen sehr allgemein formuliert sind, dienen die angegebenen Sitzungszahlen nur als grobe Richtwerte. Eine Coachingsitzung dauert bei mir zwischen eineinhalb und zwei Stunden.

Erfahrungsgemäß sind für ein zielbezogenes Coaching nicht mehr als 15 Sitzungen nötig. Für mich ist der Coachingprozess dann beendet, wenn das Ziel erreicht oder das Anliegen geklärt ist. Wenn das Problem beispielsweise schon nach drei bis fünf Sitzungen gelöst ist, obwohl zehn veranschlagt waren, beende ich den Prozess. Die Folge dieses Handelns ist ein zufriedener Kunde, der häufig eine Nachbetreuung wünscht und oft auch nach einiger Zeit mit einem neuen Auftrag an mich herantritt.

Wie lange wird gecoacht?

Bei bestimmten Prozessen weiß ich von vornherein, dass ich mehr als fünf Sitzungen brauchen werde. Dies ist beispielsweise der Fall, wenn das Anliegen »persönliche Kompetenzerweiterung« lautet. Ich kläre mit dem Coachee die voraussichtliche Länge des Coachings bereits in einer Vorabsprache.

Klärung zur Länge des Coachings

Häufig benötigt der Auftraggeber (und auch der Selbstzahler) eine In-Etwa-Schätzung über die Dauer des Coachings. «Was meinen Sie, wie lange sollte das Coaching laufen?» und »Können Sie ungefähr sagen, wie viele Sitzungen wir für das Budget berücksichtigen sollen?«, sind häufige Fragen. Wenn ein Coaching zeitlich schwer zu kalkulieren ist, können Sie erst einmal zehn Sitzungen veranschlagen und nach ungefähr sieben Sitzungen überprüfen, wie weit der Prozess vorangeschritten ist, ob die Zeit ausreicht, um das vereinbarte Ziel zu erreichen, ob weiterer Bedarf besteht oder ob vielleicht sogar ein neues Anliegen aufgetaucht ist. An diesem Punkt sollte eine neue Auftrags- beziehungsweise Zielklärung vorgenommen werden.

Wenn das Coachinganliegen zum Beispiel die Weiterentwicklung der strategischen Ausrichtung ist, sollte der Coachee den Zeitpunkt, an dem er sein Ziel erreicht hat und die Kriterien, an denen er die Zielerreichung erkennt, selbst bestimmen. Somit bestimmt er auch, wann das Coaching beendet ist.

Probestunden   Wenn der Coachee nicht genau weiß, was er will und ob Coaching überhaupt das Richtige für ihn ist, bietet sich eine Vereinbarung über drei Probestunden an. Während dieser Zeit kann er sich mit dem Vorgehen des Coachs vertraut machen, prüfen, ob ihm die Art zu arbeiten gefällt und danach entscheiden, ob er weitermachen oder es erst einmal dabei belassen will.

Achtung: Ein solches Angebot eignet sich nur für die Zweifler, nicht für die Coachees, die schon genau wissen, was sie wollen. Die Zweifler fühlen sich durch dieses Angebot in ihrem Zweifel ernst genommen und akzeptiert. Bei den Coachees, die wissen, was sie wollen, würden mit demselben Angebot Zweifel gestreut, die für den weiteren Prozess nicht förderlich sind.

> **Tipp:** Die drei Probestunden sollten Sie mit dem üblichen Stundensatz in Rechnung stellen. Nicht vergessen: Auch für diese drei Stunden sollten Sie eine klare Zielvereinbarung mit dem Coachee entwickeln, um sich genau mit ihm abzustimmen, was erreicht werden soll. Hier ist es auch ratsam, den Coachee eigene Prüfkriterien entwickeln zu lassen.

Vierte Klippe: Männlicher oder weiblicher Coach?

Nach meiner Erfahrung legen viele Personalleiter großes Gewicht auf die Frage, ob der Coach ein Mann oder eine Frau sein soll. Dabei kann es passieren, dass schon bei dieser Vorauswahl unbewusst festgelegt wird, dass Männer lieber von einem Mann und Frauen lieber von einer Frau gecoacht werden wollen, weil das nach außen hin möglicherweise unkomplizierter wirkt. Diese Ansicht lässt sich aus der Praxis heraus jedoch nicht bestätigen. Der vertrauensvolle Kontakt in einem Coaching hängt immer von der persönlichen Sympathie und vom Thema ab. Ich habe oft erlebt, dass Frauen als Coach bei emotionalen Angelegenheiten sehr gute Ergebnisse erzielen – auch und gerade, wenn es sich beim Coachee um einen Mann handelt.

Wenn sich Frauen von Frauen coachen lassen, geht es häufig auch um emotionale Bereiche wie Beziehungsthemen in der Firma und im Privaten. Ein weiteres häufiges Coachinganliegen bei Frauen ist ein Karriere-Coaching. Frauen, die zum Coaching kommen, sind meist in dem zu bearbeitenden Themenbereich unbefangen und offen. Ich erlebe sie im Gegensatz zu Männern eher im Kontakt mit ihren Gefühlen. Dagegen beginnt bei Männern der Coaching-Start oft kopflastig, wobei sich das meistens nach der ersten Sitzung verändert. Meine Idee dazu ist, dass viele Männer glauben, es gäbe eine Spaltung zwischen Denken und Fühlen. Aus diesem Irrtum heraus bekämpfen sie Seelenschmerzen und betäuben körperlichen Schmerz, womit sie sich ihrem Anschein nach stark fühlen. Wenn Sie ihre Gefühle zeigen, fühlen sie sich eher schwächer.

Geschlechtliche Unterschiede

In der Lehr-Supervision von Coachs habe ich oft beobachtet, der dass Umgang mit dem anderen Geschlecht als Thema bei unerfahrenen Coachs Unsicherheiten auslösen können, wenn die Grenzen nicht von Anfang an richtig abgesteckt wurden.

Nicht immer werden Emotionen und Wünsche so offen angesprochen, wie ich es einmal bei einer meiner Kursteilnehmerinnen erlebte:

Ein vermittelter Coachee hatte beim Vermittler, einem gemeinsamen Bekannten, die Bedingung gestellt, sich nur von einer attraktiven Frau coachen zu lassen. Als sie das berichtete, riet ich ihr, offen nachzufragen, was bei ihrem Coachee hinter dieser Aussage steckte. – Suchte er eher eine Partnerin als einen Coach? Oder: Will er den Problemen mit einem Flirt ausweichen? Oder: Ist sein Haupt-Sinneskanal der visuelle? Oder: Ging es ihm um eine Provokation?

Als die Kursteilnehmerin diese Fragen, immer noch am Telefon, mit dem Coachee klärte, wurde dieser schnell verlegen.

Die Frage mit dem visuellen Sinneskanal nahm er dankbar auf und erklärte ihr, dass es eigentlich nur ein Spaß war. Er äußerte sich anschließend lobend zu ihrem professionellen Verhalten.

Es ist in diesen Situationen wichtig, die Prozessebene klar von der Beziehungsebene zu trennen und zu klären, welche Erwartungen der Coachee an den Coachingprozess hat und was im Coaching geleistet werden kann und was nicht.

Wenn diese Klärung nicht vollzogen wird, was bei Anfängern leicht passiert, kommt es durchaus vor, dass sich die Ebenen vermischen. Sobald das passiert, gilt es auch hier, diese Prozesse transparent zu machen und bei Ambivalenzen eventuell eine Supervision zu nutzen oder mit Freunden und Bekannten darüber zu reden. Wenn das Verhältnis zwischen Coach und Coachee sehr emotionalisiert ist, ist es ratsam, das Coaching zu beenden.

Ein kleiner Flirt jedoch kann für den Coachingprozess vertrauensfördernd sein und eine leichte und lockere Atmosphäre schaffen, in der viel gelacht und gescherzt, aber auch viel bewältigt wird.

Bestimmte Verhaltensweisen können dem Coachee in lockerer Atmosphäre leichter gespiegelt werden. So zum Beispiel, wenn es darum geht, ihm deutlich zu machen, wie seine Verhaltensweisen in seinem System, also in seinem Unternehmen seinen Mitarbeiter gegenüber möglicherweise wirken. Meistens trauen sich die Mitarbeiter im Unternehmen nicht, zum Vorgesetzten ehrlich zu sein und zu sagen: »Das gefällt mir jetzt überhaupt nicht« oder: »Der ist heute wieder drauf. Das ist geschmacklos«.

Im Coachingprozess kann der Coach dem Coachee sagen, wie sein Verhalten, eingeschlossen sein Flirtverhalten, wirkt und welche Auswirkungen es haben kann. Nach diesem Feedback kann der Coachee dann entscheiden, ob er sein Verhalten beibehalten oder verändern möchte.

Fünfte Klippe: Die Ortswahl

Ich rate meinen Ausbildungsteilnehmern in der Regel, das Coaching außerhalb des Unternehmens stattfinden zu lassen. Dies ist von Vorteil, weil der Coachee im Prozess nicht für seine Mitarbeiter erreichbar ist und in seiner Coachingsitzung nicht unterbrochen oder abgelenkt wird. Außerdem kann er leichter vom Alltagsstress abschalten und aus seiner Rolle schlüpfen.

Anders verhält es sich natürlich, wenn der Coachee einen **Schattentag** ausmachen möchte, an dem ihn der Coach begleitet. Näheres über den Schattentag können Sie im Buch »Einzel-Coaching: Kompetenz entwickeln« von Regina Mahlmann, nachlesen.

Wenn jemand mit diesem Anliegen zu mir kommt, will er eine gezielte Rückmeldung über seine Kompetenzen, sein Führungsverhalten oder Kommunikationsstrukturen im Unternehmen. Er möchte, dass ich mir aus nächster Nähe ansehe, wie er mit seinen Mitarbeitern umgeht. »Es läuft zwar ganz gut bei mir in der Firma, aber ich habe als Geschäftsführer den Eindruck, dass nicht alles, was ich sage, sofort umgesetzt wird. Dabei spreche ich es deutlich an und wiederhole es mehrfach«, ist eine typische Gesprächseinleitung. In diesen Fällen besprechen sie Folgendes:

❖ Gibt es Tage, die für die Beobachtung besonders günstig sind?
❖ Wann trifft der Coachee Mitarbeiter, bei denen er bisher erlebt, dass noch nicht alles umgesetzt wird, was er sagt?
❖ Gibt es Meetings, an denen der Coach teilnehmen kann?
❖ Zu welchen Aspekten will der Coachee eine Rückmeldung?
❖ Auf wessen Feedback legt der Coachee besonderen Wert?
❖ Wie will der Coachee seinen Coach im Unternehmen vorstellen?
❖ Wer im Unternehmen Ihres Coachees weiß von dem Coaching?

Fragen zum Vorgehen beim Schattentag

Sechste Klippe: Das Honorar

Die Honorarfrage ist ein wesentlicher Punkt, der gleich am Anfang geklärt werden soll. Um in die Honorarverhandlungen zu gehen, sollte der Coach sich bereits im Vorfeld verschiedene Fragen stellen.

❖ **Selbsteinschätzung I:** Welche Ausbildung, welche Coaching-, welche Prozesserfahrungen bringe ich mit? Welches sind meine Kernkompetenzen? Wo sind meine Grenzen? Was ist das Honorarminimum, was ist das Maximum?

Welcher Nutzen wird mit dem Coaching angestrebt?

Ich habe gute Erfahrungen damit, den potenziellen Auftraggebern sofort die Honorar-Vorstellungen zu nennen. Für dieses Gespräch zeigen sich nachfolgende Fragen als hilfreich: »Welche Veränderung soll ich bei Ihnen begleiten? Was ist Ihnen diese Veränderung wert?« Weniger als 75 Euro für eine Stunde sollte auch ein Anfänger nicht verlangen. Bei einem erfahrenen Coach sollte der Stundensatz nicht unter 125 Euro liegen.

> Um eine Relation zu anderen Berufsgruppen herzustellen, konfrontiere ich Auftraggeber, die über Honorare stöhnen mit dem Vergleich aus einer anderen Branche zum Beispiel: »Was zahlen Sie pro Stunde, wenn Sie Ihr Auto lackieren lassen?« Die Antwort lautet meistens zirka 75 Euro. Dieser Vergleich macht es manchen Kunden leichter, mit den geforderten Preisen umzugehen. Der obere Bereich des Coaching-Stundensatzes liegt übrigens zwischen 250 Euro und 1.000 Euro pro Stunde.

Zudem sollten Sie sich die folgenden Fragen stellen, wenn Sie Ihre Honorarschätzung vornehmen.

❖ **Selbsteinschätzung II:** Arbeite ich freiberuflich?? Welche Kosten müssen eingerechnet werden? Oder: Bin ich angestellt und habe somit soziale Absicherung und Weiterbildungsmöglichkeiten?

Bei den nächsten Fragen geht es um folgende Bereiche:

❖ **Kundeneinschätzung:** Ist der Kunde ein Selbstzahler (privat) oder zahlt das Unternehmen? Ist es ein kleines oder ein großes Unternehmen? Die Stundensätze können erheblich variieren. Ein großes Unternehmen bringt mitunter einen Stundensatz von 300 bis 400 Euro ohne weiteres auf, während 100 bis 150 Euro pro Stunde für einen Selbstzahler sehr viel Geld sind.

Wirtschaftliche Verhältnisse beachten

❖ **Position des Coachees:** Ähnlich wie im Firmenvergleich verhält es sich mit der Preisgestaltung bei der Hierarchieebene des Coachees: Je höher seine Position im Unternehmen ist, desto höher sollte auch das Coachinghonorar ausfallen. Bei einem Vorstand kann ich beispielsweise das Zwei- bis Vierfache dessen veranschlagen, was bei einem Personalreferenten möglich ist. Diese Praxis hat verschiedene Gründe. Ein Coach, der Vorstände betreut, bekommt fast nie parallel dazu einen Auftrag, die darunter liegende Ebene zu beraten. Dies passiert häufig zum Schutz aller Beteiligten, hat aber auch zur Folge, dass der Coach in diesem Unternehmen nur einen Auftrag akquirieren kann.

❖ **Rabatt:** Es spricht nichts dagegen, bei einem größeren Projekt, das mehrere Personen mit einbezieht und über einen längeren Zeitraum läuft, einen niedrigeren Stundensatz anzusetzen als bei einem Einzelcoaching. Allerdings ist es dabei durchaus üblich, dass je nach Aufwand eineinhalb bis zwei Tage für die Vor- und Nachbereitungszeit einkalkuliert werden.

Die folgenden Honorarempfehlungen sind durch einen Abgleich zwischen Literaturübersichten, anderen Coachs und meinen Honoraren berechnet. Ein Tagessatz hat eine andere Berechnungspauschale als ein Stundensatz, da der Coach bei einem Tagescoaching (mit Schattentag) auf zehn Stunden pro Tag kommen kann.

	1 Stunde = 60 Minuten	**ein Tag**
Untere Preisgruppe/ pro Sitzung	75 bis 100 Euro	760 bis 1.000 Euro
Mittlere Preisgruppe/ pro Sitzung	110 bis 260 Euro	1.100 bis 1.800 Euro
Obere Preisgruppe/ pro Sitzung	270 bis 1.000 Euro	1.900 bis 4.600 Euro

Honorarempfehlung

❖ **Fahrtkosten:** Fahrtkosten werden in der Regel erstattet, die Zeit für die An- und Abreise jedoch selten. Normalerweise verzichte ich darauf, sie zusätzlich zu berechnen, da eine gewisse Großzügigkeit sich förderlich für eine langjährige und gute Zusammenarbeit auswirkt.

In der ersten kostenlosen Kontaktaufnahme mit Ihrem Coachee sollte klargestellt werden, dass ein Erstgespräch von 20 bis 30 Minuten, in dem die Rahmenbedingungen geklärt werden, üblich ist. Nicht jeder Coachee wünscht einen Vertrag. Nachfolgend sehen Sie dennoch einen Vertragsvorschlag.

Coachingvertrag

Name: _____   Vorname: _____

Straße: _____   Postleitzahl, Ort: _____

Telefon privat: _____   Telefon dienstlich: _____

Telefax: _____   E-Mail: _____

Setting (Gruppe/Einzel): _____

Angestrebtes Ergebnis: _____

Maximale Coachingdauer: _____

Ort des Coachings: _____

Honorar (stunden-/tageweise): _____

Wird ein Coaching erst eine Woche vor dem vereinbarten Termin abgesagt oder verlegt, so sind 50 Prozent des Honorars fällig. Bei einer Absage oder Verlegung ab einem Tag vor dem vereinbarten Termin sind 100 Prozent zu zahlen. Härtefälle (zum Beispiel Krankheit, höhere Gewalt) werden gesondert geregelt.

_____   _____
Coach   Coachee

Siebte Klippe: Referenzen

Bei dem ersten Gespräch mit dem Kunden sollte der Coach nicht nur kurz und knapp darüber Auskunft geben können, was Coaching bedeutet, welche Methoden er anwendet und mit welchem Nutzen, sondern er sollte auch auf die Frage nach seinen Referenzen vorbereitet sein.

❖ Welche Prozesse haben Sie schon begleitet?
❖ In welchen Branchen haben Sie besondere Erfahrung gesammelt?
❖ Gibt es eigene Veröffentlichungen, auf die Sie hinweisen können?

Junge und angehende Coachs, die noch nicht viel Coachingerfahrung besitzen, sollten von ihren Erfahrungen im Umgang mit Veränderungsprozessen berichten, beispielsweise als Führungskraft, als Trainer oder auch einfach nur als Mensch darüber, welche Erfahrungen sie mit dem Umgang mit Veränderungsprozessen gemacht haben.

Erfahrungen mit Veränderungsprozessen

Achte Klippe: Die Zielvereinbarung

Ziele des Coachees sind die Grundlage des Coachings

Wenn die Rahmenbedingungen und der Kontext für das Coaching geklärt sind, beginnt der nächste Prozess mit den Fragen zu den Zielen: Welches Anliegen hat der Coachee? Was möchte er erreichen? Was ist sein Ziel? Was weiß der Coachee vom Coaching? Hat er sich theoretische Kenntnisse angeeignet oder vielleicht sogar schon Coaching-Erfahrung gemacht? – Für die Auftragsklärung sind daher die vier W-Fragen besonders nützlich.

❖ **Was:** Was ist das Problem oder Anliegen? Was kann ich als Coach für Sie tun?
❖ **Warum:** Warum haben Sie Kontakt zur mir aufgenommen? Oder (bei einem verordneten Coaching): Warum glauben Sie, hat Ihr Geschäftsführer den Kontakt zu mir aufgenommen und gewünscht, dass Sie in einen Coachingprozess gehen?
❖ **Woher:** Woher kommt das Problem und wie ist es dazu gekommen?
❖ **Wohin:** Was ist das Ziel des Coachings? Was soll erreicht werden? Welche Möglichkeiten haben Sie, Ihr Ziel zu erreichen?

Neunte Klippe: Keine Garantieübernahme

Wenn nach diesen Klärungsprozessen ein beidseitiges Einverständnis darüber herrscht, dass und wie das Coaching stattfinden soll, achte ich darauf, dem Coachee nicht zu versprechen, dass ich seine Probleme für ihn lösen werde. Eines sollte unbedingt deutlich gemacht werden: **Der Coach ist nur der Begleiter von Veränderungsprozessen!**

Seine Aufgabe ist es, Fragen zu stellen und ein gezieltes Feedback bezüglich des vereinbarten Zieles zu geben. Coaching – wie ich es verstehe – ist Hilfe zur Selbsthilfe und zur Selbstverantwortung. Daher stelle ich von vornherein klar, dass ich keine Ratschläge geben und dem Coachee nicht sagen werde, wie und was er tun soll, um sein Problem zu lösen. Meine Überzeugung ist – und das ist der Kerngedanke des systemischen Coachings –, dass nur der Coachee der Experte für seine Lösungen ist. Er allein weiß, wie er sein System am besten verändern kann, so dass es wieder stimmig für ihn ist.

Der Coachee selbst ist der Experte für seine Lösungen

Was der Coach dem Coachee versprechen kann, ist, dass er ihm neue Sichtweisen eröffnen wird. Die Wahrnehmungsfähigkeit des Coachees wird sich verändern, und damit sein Verhaltensrepertoire erweitern, was ihm schließlich einen größeren Handlungsspielraum für sein zukünftiges Vorgehen verschaffen wird. Um dieses zu erfüllen ist es erforderlich, zielbezogen mit dem Coachee zu arbeiten.

Auf der folgenden Seite befindet sich eine Checkliste, mit der Sie das Coachinganliegen Ihres Coachees erfragen können.

Checkliste Coaching-Anliegen für den Coachee

Das gewünschte Ergebnis: Ich möchte mit dem Coaching Folgendes erreichen:

_____

_____

_____

Ich strebe an, die Ziele bis

Monat: _____ Kalenderwoche/Jahr: _____ erreicht zu haben.

Im Mittelpunkt meines Coachingvorhabens vermute ich

❑ ein Leistungsthema: _____

❑ ein Beziehungsthema: _____

❑ ein Karrierethema: _____

❑ ein Klärungs- beziehungsweise Sortierungsthema: _____

❑ Ich kann das Thema nicht benennen.

Das gewünschte Setting:

Die Gesamtdauer des Coachingprozesses sollte nicht mehr betragen als maximal _____ Wochen _____ Monate _____ Jahre _____ keine Begrenzung.

Zur Häufigkeit der Coaching-Kontakte stelle ich mir vor:

❑ regelmäßig,

❑ im Abstand von _____ Tagen/Wochen/Monaten,

❑ mit/ohne Option auf Anpassung bei verändertem Bedarf,

❑ spontan bei Bedarf,

❑ keine konkrete Vorstellung.

Zur Dauer der einzelnen Coaching-Kontakte stelle ich mir vor:

❑ max. _____ Stunden,

❑ keine zeitliche Begrenzung.

Als Ort für die Coaching-Kontakte kommt für mich in Betracht:

❑ nur mein eigener Arbeitsplatz, weil _____

_____

❑ das Telefon,

❑ der Wahlort des Coachs.

Kapitel 3
Vorphase und Auftragsklärung

Berater-Kunden-Beziehungen zum Aufdecken von Auftragsmustern

Unterscheidung zwischen ähnlich formulierten Aufträgen erfassen

Ein einfaches und sehr hilfreiches Modell von Steve de Shazer und anderen ermöglicht es dem Coach, durch die Unterscheidung verschiedener Berater-Kunden-Beziehungen Unterschiede zwischen ähnlich formulierten Aufträgen zu erfassen. Daraus ergeben sich jeweils spezifische Interventionen und Beratungsmöglichkeiten. Der Coachee erscheint dem Coach in drei verschiedenen Rollen, als:

❖ Kunde,
❖ Besucher oder
❖ Beklagender.

Gunther Schmidt schlägt eine Zusatzkategorie vor,

❖ den Co-Berater.

Die Berater-Kunden-Beziehung kann in jede dieser allgemeinen Kategorien fallen. Wichtig ist Folgendes:

❖ Die Beschreibung ist keine Charakterisierung der Persönlichkeit des Coachees. Es ist eine Darstellung dessen, was zwischen Coachee und Coach vor sich geht, also eine Beschreibung ihrer Beziehung in einer bestimmten Situation.
❖ Der Charakter der Berater-Kunden-Beziehung ist veränderlich. Er ist fließend und zwar solange, wie diese Beziehung besteht. Möglicherweise ist die Beziehung nicht zu jedem Zeitpunkt eindeutig einer der oben genannten Kategorie zuzuordnen.

In diesen Fällen ist es gut, die uneindeutige, momentane Gestalt der Beziehung als solche wahrzunehmen, statt sie durch die eigene Beziehungsgestaltung unzutreffend festzulegen.

Um die Wahrnehmung für diese Kategorien zu schärfen und sie besser voneinander zu unterscheiden, beschreibe ich im Folgenden Merkmale und Beratungsstrategien.

Der Kunde oder »der Aktive im Problem«

Bei dieser Art von Beziehung haben Coach und Coachee am Ende der Einschätzungsphase ein Anliegen identifiziert, das zumindest ein vages Ziel und einzelne Lösungserwartungen beinhaltet.

Im Verlauf der Problemdefinition ist sich der Coachee der Tatsache bewusst geworden, dass jede Lösung sein aktives Zutun einschließt, und er hat Bereitschaft signalisiert – verbal oder nonverbal –, etwas zur Lösungsfindung zu unternehmen.

Beratungsstrategie

Der Coach sollte viel positives Feedback darüber geben können, was der Coachee bereits richtig macht. Da der Coachee bereit ist, Schritte zur Bewältigung seines Problems zu unternehmen, kann der Coach ihm Handlungsaufgaben geben, gewöhnlich in Kombination mit einer Beobachtungsaufgabe. Sie beinhaltet, dass der Coach Veränderungen beobachtet, die stattfinden, wenn er beginnt, etwas auf andere Weise zu tun.   *Handlungsaufgaben*

In den Folgesitzungen ist es für den Coach wichtig zu bedenken, dass der nächste Schritt in der Bestärkung der erfolgreichen Verhaltensweisen in Richtung Lösungsfindung besteht und nicht darin herauszufinden, ob der Coachee die Aufgabe erfüllt hat.

Der Besucher oder »der unbeteiligte Beisitzer«

Diese Kategorie liegt vor, wenn im Verlauf der Sitzung und/oder am Ende bei der Sitzungseinschätzung klar ist, dass Coach und Coachee nicht in der Lage waren, ein Problem, eine Klage oder ein Ziel herauszufinden. Der Coachee mag zwar einiges bemängeln, aber es gibt weder eine Erwartung noch das ernsthafte Bedürfnis nach Veränderung oder einer Lösung.

Typisch für »Besucher« sind Sichtweisen und Selbstdefinitionen, die ausdrücken, dass sie in ihrem eigenen Verhalten oder in ihrer Person kein Problem sehen. Diese Situation ergibt sich meist dann, wenn ihnen Probleme von anderen zugeschrieben werden und ihnen geraten oder gar befohlen wird, das Coaching in Anspruch zu nehmen. Am liebsten wäre »Besuchern«, wenn es nicht zu weiteren Terminen kommen müsste. Da sie aber meist Sanktionen befürchten, ist die sofortige Beendigung des Coachings letztlich keine akzeptable Lösung für sie.

Beratungsstrategie

Als Coach muss man sich in dieser Situation bewusst machen, dass in einem solchen Kontext der Beratungsprozess das zentrale Problem darstellen kann, wenn dieser Prozess als Unterwerfungsritual empfunden und nur aus einem Gefühl der Abhängigkeit akzeptiert wird. Ein realistischer Zielrahmen wäre es also, den »Besucher« so zu behandeln, dass er seine Würde und seine Vorstellungen wahren kann, denn dann hat das Coaching die Chance, sehr hilfreich zu werden.

Realistischer Zielrahmen

Die Herausforderung für den Coach besteht darin, die Definition der »Besucher« (»Ich habe kein Problem«) zu akzeptieren und zu vermeiden, ihm eigene Problemdefinitionen aufzudrängen.

Ein »Besucher« braucht viel positives Feedback über das, was richtig läuft. Er braucht die Anerkennung seiner Schwierigkeiten und des Drucks, unter dem er steht. Der Coach kann zusätzlich auf die Konsequenzen hinweisen, die das Nicht-Lösen der anstehenden Probleme bewirken würde und einen weiteren Termin anbieten.

In dieser Situation muss der Coach bereit sein zu akzeptieren, dass manche Coachees nie zugeben werden, dass sie Probleme haben, selbst wenn sie zur nächsten Sitzung kommen.

Der Beklagende oder »der Aufmerksame in der Opferrolle«

In dieser Kategorie ist der Coachee sehr aufmerksam, beobachtend und er bringt detaillierte Beschreibungen von Klagen mit. Er ist normalerweise präzise in der Beschreibung der Muster und Sequenzen des Problems und sieht sich als Opfer der Probleme eines anderen. »Beklagende« fühlen sich einem Problem ausgesetzt, das andere verursacht haben und dementsprechend erwarten sie eine Lösung, die diesen Gesichtspunkt einbezieht.

Grundsätzlich ist in diesen Fällen ein Pacing (vgl. S. 89) hilfreich, das diese Fremddefinitionen akzeptiert. Gleichzeitig wird der Bezug dazu hergestellt, was dies für die Kooperation zwischen Coach und Coachee in der Beratungszusammenarbeit heißt.

Kooperation

Da die Lösung »draußen«, also außerhalb der eigenen Person angesiedelt wird, verlangen die »Beklagenden« die Lösung vom Coach: »Ändern Sie für mich andere, die ich vergeblich zu ändern versucht habe.« Dies kann als Fremdheilungsauftrag verstanden werden, der vom Coach nicht geleistet werden kann.

Beratungsstrategie

Neben einem positiven Feedback bieten sich für den Beklagenden **Nachdenk- oder Beobachtungsaufgaben** an.

Einerseits muss die Fremddefinition vom Coach akzeptiert werden, andererseits muss herausgearbeitet werden, dass man trotzdem erfolgreich zusammenarbeiten kann. Hier bewährt es sich, die Zielentwicklung darauf zu fokussieren, was für den Coachee der optimale Umgang mit den Außenproblemen wäre. Man konzentriert sich auf den Spielraum, der zur Eigengestaltung bleibt. Das durch den Beklagenden definierte Problem kann nicht gelöst werden, weil die Verursacher des Problems nicht in den Coachingprozess integriert sind.

Zielentwicklung für optimalen Umgang mit Außenproblemen

Der Berater sollte daher rechtzeitig deutlich machen, dass dieser Auftrag durch seine gewünschte Problem-Lösungs-Konstruktion im ursprünglichen Sinn unerfüllbar ist.

Es gilt also zu erfragen, ob der Coachee unter diesen Umständen an einem »Auftrag zweiter Wahl« interessiert ist, mit deutlichen Hinweisen darauf, dass diese differenzierte, flexible Haltung sehr anerkennenswert wäre.

Jeder vom Erstauftrag abweichende Gestaltungsschritt sollte gewürdigt werden als souveräne, autonome Leistung unter schweren und ungünstigen Bedingungen. Eventuelle Zweifel, Ambivalenzen und Unwilligkeiten gegen die Kooperation im Coaching können dann gewürdigt werden als vorstellbare und angemessene Reaktionen darauf, dass die Ersterwartungen letztlich durch das Coaching nicht erfüllbar sind. Das eigentliche Interesse der »Beklagenden« wird allerdings meist die Veränderung der anderen bleiben.

Der Co-Berater oder »der vermeintliche Lösungsexperte«

Der Co-Berater präsentiert sich als Experte dafür, wie die von ihm definierten Verursacher des Problems zu behandeln sind, damit sie endlich die gewünschten Lösungen vollziehen. Häufig versuchen Coachs, diese Coachees dazu zu bringen, einzusehen, dass sie selbst Teil des Problems sind und damit beginnen müssen, den eigenen Beitrag zu hinterfragen. Oder die Coachs erleben sich in ihrer Expertenrolle so in Frage gestellt, dass sie Profilierungs- und Führungsversuche starten, um ihre Position zu behaupten. Das ist verständlich, für ein konstruktives Coaching aber eher ungünstig.

Beratungsstrategie

Vorhandenes Know-how nutzen

Die Angebote der »Co-Berater« sollten nicht ohne triftige Gründe abgewiesen werden, denn sie können für den Coach unter Umständen nützlich sein, da sich meist wirksame und problemstabilisierende Lösungsversuche in ihrem Know-how befinden. Auf dieses Wissen können Sie als Coach zurückgreifen.

Der Co-Berater hat meist schon x-mal versucht, auf seine Art das Problem zu lösen, offensichtlich ohne ausreichenden Erfolg. In Kooperation mit ihm kann nun abgeklärt werden, wie seiner Ansicht nach ähnliche Lösungsversuche beim nächsten Mal effektiver gestaltet oder alternative Lösungsansätze gefunden werden können.

Die Co-Berater-Position sollte dabei auch als ein Lösungsversuch definiert werden, der zusammen mit dem Co-Berater auf seine positiven und negativen Effekte hin geprüft wird. Erweist sich dieses dann als wenig zieldienlich, kann anschließend gemeinsam geprüft werden, ob man dennoch bei der Co-Beratung bleiben oder ob man sie gemeinsam beenden sollte, um zu anderen Formen überzugehen. Unabhängig von der Entscheidung sollte die Selbstdefinition des Co-Beraters gewürdigt werden.

Das Profil des Coachs

Wenn Sie davon überzeugt sind, ein guter Coach zu sein, gehört dazu auch, dass Sie genau einschätzen können, aus welchen Fähigkeiten sich Ihr Profil als Coach zusammensetzt. Falls Sie sich in diesem Bereich noch präziser einschätzen wollen, wird Ihnen die Beantwortung folgender Fragen weiterhelfen.

Eigene Fähigkeiten

Zur Identität als Coach:
❖ Warum coache ich?
❖ Wie sehe ich mich als Coach?
❖ Welche Werte habe ich als Coach?
❖ Welche Fähigkeiten habe ich für eine Auftrags- und Zielklärung?
❖ Was weiß ich über Rang und mein eigenes Rangbewusstsein?

Zu den äußeren Rahmenbedingungen:
❖ Welches Setting ist mir im Coaching wichtig?
❖ Welche Zielgruppe will ich coachen?

Beziehung zwischen Coach und Coachee:
❖ Wie gestalte ich die Beziehung zu meinem Coachee?
❖ Welche Regeln gelten für ein konstruktives Feedback?
❖ Welche Kompetenzbereiche kann ich mit meinem Coachee erweitern?

Ist Ihnen die Beantwortung der Fragen leicht gefallen? – Wenn ja, dann haben Sie sich schon ausführlich mit Ihrem Profil als Coach beschäftigt und können die nachfolgende Erläuterung als Ergänzung sehen. Wenn nein, dient die Erörterung der Fragen im Folgenden der Vertiefung der eigenen Reflexion.

Warum coache ich?

Coaching ist eine Dienstleistung, die vom Coachee mit der Erwartung in Anspruch genommen wird, auf einen kompetenten, engagierten und effizienten Coach zu treffen. Um als Coach vor allem das eigene Engagement dauerhaft leisten zu können, braucht man nicht nur spezielle Coachingfähigkeiten, sondern man sollte auch wissen, worin die Motivation für die Arbeit besteht. Wenn der Coach seine Motivation genau erkannt hat, kann er meist auch formulieren, warum er seine Kompetenz und sein Engagement für das Coaching einsetzt, welche Werte er hat und worin seine Antriebskraft besteht. Die folgende Übung aus dem NLP dient dazu,

Werte sind Antriebskraft

❖ den tieferen Hintergrund Ihrer Motivation, Ihres Handelns als Coach auszuleuchten und damit zu intensivieren;

❖ zu überprüfen, ob Ihr Ziel als Coach zu arbeiten, tatsächlich für Sie erstrebenswert ist;

❖ ein übergeordnetes Ziel zu finden, dass Ihr Tun verlockender werden lässt falls dieses Ziel (als Coach tätig zu sein) noch nicht geklärt ist.

Übung: Kern-Intention oder »Warum will ich coachen?«

Im ersten Schritt bitte ich Sie, sich voll und ganz in die Situation »Ich als Coach« hineinzubegeben. Beantworten Sie nun die folgenden Fragen und notieren Sie Ihre Antworten.

»Angenommen, Sie sind als Coach tätig. Was ist dann sichergestellt?«

_____

_____

_____

»Was haben Sie gewonnen?«

_____

_____

_____

»Was ist erfüllt für Sie?«

_____

_____

_____

»Was wäre das Beste, das Schönste, das Allerwichtigste daran?«

_____

_____

_____

Die Antwort auf die Frage nach dem Besten, Schönsten und Allerwichtigsten ist die Kernaussage für den nächsten Schritt. Da ich Ihre Antwort nicht kenne, bezeichne ich sie im weiteren Verlauf als »Es«.

»Angenommen Sie haben »Es« erreicht. Was ist jetzt das Allerbeste, Schönste, Wichtigste daran für Sie?«

_____

_____

_____

»Wenn Sie auch dieses »Es« nun bereits lange Zeit gehabt hätten, was ist dann erfüllt?«

_____

_____

_____

Falls sich Ihre Antworten an dieser Stelle noch nicht wiederholt haben sollten, möchte ich Sie bitten, die Kernaussage der vorherigen Antwort zu nutzen und dann immer wieder dieselbe Frage zu beantworten:

»Wenn Sie auch dieses »ES« bereits lange Zeit gehabt hätten, was ist dann erfüllt?«

_____

_____

_____

Erst bei einer Wiederholung der Antworten wissen Sie, dass Sie am Ende angelangt sind und Ihr Endziel in der Frage »Warum coache ich?« erreicht haben.

Wie sehe ich mich als Coach?

Verschiedene Typen von Coachs

Ich gehe davon aus, dass es verschiedene Typen von Coachs gibt, die jeweils auf verschiedenen »logischen Ebenen« (weitere Ausführungen dazu im Kapitel »Die Prozessphase«, s. S. 131) operieren und für die es folgende Beispiele einer Zuordnung oder Metapher gibt:

- ❖ **Der Macher** arbeitet auf der Ebene des Verhaltens: Er unterstützt den Coachee bei Verhaltensänderungen. Er analysiert zum Beispiel, wie er mit seinen Mitarbeitern umgeht und liefert durch seine Fragen Ideen für Verhaltensänderungen.
- ❖ **Der Begleiter** arbeitet auf der Ebene der Fähigkeiten: Der typische Begleiter ist beispielsweise ein Sportcoach, der hilft, die körperlichen und mentalen Fähigkeiten des Sportlers auszubauen. Bei Führungskräften konzentriert sich der Begleiter auf die Führungskompetenzen des Coachees, die er beispielsweise während eines Schattentages beobachtet hat und anschließend mit dem Coachee reflektieren kann.
- ❖ **Der Mentor** arbeitet auf der Ebene der Werte: Er arbeitet primär an den Werten und Glaubenssätzen des Coachees. Dabei sind psychologische Kenntnisse und Vertrauen sehr wichtig. Für den Mentor bietet sich vor allem das Zweiergespräch an, um optimal auf dieser Ebene zu arbeiten.
- ❖ **Der Inspirator** arbeitet auf der Ebene der Identität: Er wird vom Coachee als Vorbild wahrgenommen. Oft hat er große Felderfahrung auf demselben Gebiet gesammelt, auf dem auch sein Coachee arbeitet. Er gibt dem Coachee intellektuelle Unterstützung.
- ❖ **Der Charismatiker** arbeitet auf der Ebene der Zugehörigkeit: Er hat ein hohes spirituelles Bewusstsein, was durch transzendente Erfahrungen geprägt ist. Er ist durch seinen Glauben und sein Selbstvertrauen unabhängig von einer bestimmten Kultur und oder dem aktuellen Weltgeschehen. Mit seiner Überzeugung und seiner Ausstrahlung hat er die Fähigkeit, dem Coachee ein Gespür für Visionen zu vermitteln.

Rollen-Flexibilität ist wichtig

Wenn Sie als Coach arbeiten, sollten Sie diese fünf Typisierungen nicht als statische Zuschreibung verstehen, sondern als Rahmen betrachten, in den Sie sich selbst einordnen und Ihren Schwerpunkt erkennen können.

In der Praxis ist häufig ein Wechsel der Ebenen je nach Kontext notwendig und dazu gehört die Flexibilität, in alle Rollen schlüpfen zu können. Für einen guten Start des Coachings ist eine Voraussetzung, dass Sie sich als Coach fragen, welchem dieser fünf Typen Sie am ehesten entsprechen und welche

Rolle am besten zu Ihnen und zu Ihrer Vorgehensweise passt. Diese Orientierung hilft Ihnen, Ihre Stärken und Präferenzen herauszufinden und optimal für den angestrebten Prozess einzusetzen.

Welche Werte habe ich als Coach?

Wenn ein Coach gerufen wird, gibt es in den meisten Fällen ein Problem, das möglichst schnell gelöst werden soll. Der Blick der Beteiligten auf mögliche Lösungen ist in der Phase, in der ein Coach hinzugezogen wird, in aller Regel getrübt. Häufig »hypnotisiert« sich der Coachee oder eine Gruppe selbst immer tiefer in den Konflikt hinein. Es kommt zum so genannten Tunnelblick. Da die Energie immer dorthin fließt, wo die Aufmerksamkeit fokussiert ist, verharren manchmal ganze Teams in einer Problemtrance. Es ist also nicht unbedingt sinnvoll am Anfang gleich zu fragen: «Was ist das Problem?«, denn damit wird suggeriert, dass das Problem unabhängig vom Kontext existiert und ein Eigenleben führt. Doch für die Ratsuchenden ist es psychologisch wichtig, dass der Coach ihnen dort begegnet, wo sie sich gerade befinden. Das heißt, zuerst muss dem Problem Raum gegeben werden und erst danach wird der Fokus in Richtung Lösung geschwenkt. Wenn also zum Beispiel eine Gruppe darauf fixiert ist, dass ihr Problem »unterschiedliche Wertvorstellungen« sind, dann ist es sinnvoll, diese Sichtweisen diskutieren zu lassen, bevor neue Elemente eingebracht werden.

> »Um weise zu werden muss man gewisse Erlebnisse erleben wollen, also ihnen in den Rachen laufen.«
> *(Friedrich Nietsche)*

   Da Werte eine zentrale Rolle in unserem Leben spielen, ist es wichtig, sich als Coach mit dieser Thematik konsequent auseinander zu setzen.

> Werte sind grundlegende Überzeugungen und Einstellungen zum Leben, die unser Denken und Handeln bestimmen. Daher können Sie als Antriebskraft für sämtliches menschliches Verhalten angesehen werden. Unsere persönlichen Werte liefern die Basis für unsere Motivation und unsere Entscheidungen, bestimmte Ziele zu verfolgen. Sie haben mit dem zu tun, was uns wichtig ist. Werte werden normalerweise sehr abstrakt ausgedrückt.

Wenn Ihr Coachee zum Beispiel Begriffe wie Glück, Freiheit, Gesundheit, Anspruch, Kreativität, Sicherheit oder Herausforderung benutzt, sind das Äußerungen über seine Werte.

Rangfolge von Werten

Je nach Situation können wir unterschiedliche Werte haben und sie können auch in einer unterschiedlichen Rangfolge auftauchen. So unterscheidet sich beispielsweise das, was Ihnen bei der Arbeit wichtig ist, von dem, worauf Sie im Urlaub Wert legen. Ist Ihnen bei der Arbeit beispielsweise Sicherheit ein wichtiger Wert, so kann es im Urlaub ein ganz anderer Wert sein. Vielleicht geht es dann primär um die Freiheit, die Sie erleben, wenn Sie nur das tun, wozu Sie gerade Lust haben.

Übung: Bestimmung von Werten

Diese Übung dient dazu, Ihnen den Einstieg in die Arbeit an den Werten eines Coachees zu erleichtern und Ihre eigenen Werte zu bestimmen. Dazu stellen sich folgende Fragen:

Was sind Ihre Werte? – Notieren Sie spontan, was Ihnen einfällt, zum Beispiel: Was ist Ihnen wichtig bei der Arbeit? Weshalb haben Sie diese Aufgabe gewählt?

_____

_____

_____

_____

Welche Werte habe ich als Coach? – Häufig stellt sich in der Prozessmitte des Coachings heraus, dass es inhaltlich um Werte des Coachees geht, die der Coach in Frage stellt oder die in ihm einen Widerspruch erzeugen. Daher lohnt es sich an dieser Stelle, die Ebene Ihrer eigenen Werte als Coach noch einmal intensiv zu betrachten. Erst wenn Sie Ihre eigenen Werte kennen und bewusst mit ihnen umgehen können, sind Sie in der Lage, ohne Vorurteile und eigene Wertungen den Coachee bei der Arbeit an seinen Werten zu begleiten.

_____

_____

_____

_____

_____

Finden Sie im nächsten Schritt Ihre unterschiedlichen persönlichen Werte und Kriterien heraus, indem Sie Ihre Werte aus dieser Übung nutzen. Hier geht es um die Werte, die Ihnen im Coaching und bei der Arbeit wichtig sind. Behandeln Sie jede Antwort als Ausdruck eines bestimmten Wertes. Setzen Sie dann die Suche nach weiteren Werten fort, indem Sie zehn Mal auf die gleiche Weise den Zentralbegriff hinterfragen: »*Und weshalb ist Ihnen (dieser Wert x/y) wichtig?*« Nehmen Sie jeweils die Antwort der vorhergehenden Frage wieder auf und stellen Sie die darauf folgende Antwort erneut in dieser Weise in Frage.

_____

_____

_____

_____

_____

_____

_____

_____

_____

_____

_____

_____

_____

_____

_____

_____

_____

_____

Wenn der Zentralbegriff zum Beispiel »Freiheit« sein sollte, stellen Sie sich vor, dass ich Sie frage: »Und weshalb ist Ihnen Freiheit wichtig?« Wenn dann die Antwort lautet: »Weil ich durch Freiheit kreativer bin«, stelle ich Ihnen die Anschlussfrage: »Und weshalb ist Ihnen Kreativität wichtig?« und so fort, bis die Frage zehn Mal beantwortet ist.

Durch dieses Aufnehmen des jeweils vorher genannten Wertes ist eine Hierarchie entstanden, die Sie jetzt noch einmal überprüfen: Ist es so, das die letzten drei Werte Ihre wichtigsten Werte sind? Dann nutzen Sie diese drei wichtigsten Werte für die nächste Übung, um ihre Kriterien zu bestimmen.

Werte gehören zu unserer Identität Bedeutungen werden durch individuelle Werte und Kriterien entwickelt. Diese Werte machen einen wesentlichen Teil unserer Identität aus. Darüber hinaus stehen sie in enger Verbindung mit unseren persönlichen und sozialen Glaubenssystemen, aus denen sich auch religiöse oder philosophisch-erkenntnistheoretische Haltungen herleiten, die unser umfassendes Verständnis der Welt beinhalten.

Die Ordnung unserer Werte gibt Aufschluss darüber, was wir unter bestimmten Bedingungen als wichtig oder als nachrangig erachten. Kriterien für Werte und ihre Entsprechungen sind unterschiedlich konkrete Operationalisierungen, das heißt, sie geben Auskunft über das Wie, Was, Wann und Wo der Handlung. Wenn der Coach in seinem Coaching durch die Arbeit mit Wertekriterien erkennen kann, um welche Fragen es dem Coachee im Kern geht, ist es möglich, präzise Strategien für weitere Schritte zu entwickeln.

Übung: Kriterien für Werte

Um Ihre eigenen Kriterien herauszufinden, hier noch einmal die Ausgangsfragen: »Welches sind wichtige Werte für Sie in Ihrer Arbeit als Coach?«. »Woran erkennen Sie, dass sich dieser Wert erfüllt?«

Benennen Sie nun Ihre drei wichtigsten Werte und schreiben Sie zu jedem Wert vier Kriterien auf. Am Beispiel »Vertrauen« hieße das: Wie vertraue ich? Was heißt Vertrauen für mich? Wann vertraue ich? Wo vertraue ich?

Werte	Kriterien
1.	wie
	was
	wann
	wo
2.	wie
	was
	wann
	wo
3.	wie
	was
	wann
	wo

Arten von Werten

Es gibt unterschiedliche Arten von Werten. Zu manchen fühlen wir uns hingezogen und andere möchten wir auf jeden Fall vermeiden. Daher ist an dieser Stelle zu prüfen, ob nicht vielleicht die Art der Formulierung schon zu Veränderungen führt. So kann der Coachee sagen, dass er Anerkennung bekommen möchte. Er kann genauso gut sagen, dass er Ablehnung vermeiden will. Im folgenden Fallbeispiel möchte ich Ihnen einen Einblick darüber geben, wie ich mit Werten arbeite.

Fallbeispiel: Arbeit an Werten

In diesem Fallbeispiel ist mein Coachee ein etwa 45-jähriger Geschäftsführer eines Unternehmens, dessen Eigentümer vor kurzem gewechselt haben. Herr Beier, Geschäftsführer, kam mit dem Ziel zu mir, einerseits für die durch den Wechsel bedingten Veränderungen Kraft und Energie zu sammeln, und andererseits seinen beruflichen Wechsel in ein neues Berufsfeld strategisch vorzubereiten.

Herr Beier hatte Probleme mit den neuen Eigentümern, die sein gesamtes berufliches Wirken in Frage stellten. Um in der Auftragsklärung festzustellen auf welcher Ebene sich Herr Beiers Problem befindet, lud ich ihn ein sich vorzustellen, er säße mit mir im Kino, und es liefe ein Film mit dem Titel: »Der neue Herr Beier in seinem neuen Job«. Herr Beier sollte mir anhand dieses imaginär von ihm selbst gedrehten Films genau beschreiben, was der neue Herr Beier in seinem neuen Job zeigte, welches Verhalten, welche besonderen Fähigkeiten er hat, welche Werte diesem Herrn Beier besonders wichtig sind, welche Rolle dieser Herr Beier in diesem Job spielt und wem er sich zugehörig fühlt. Welche Vision hat er?

Werte als Grundlage der Motivation

Ich war überrascht, wie schnell Herr Beier sich auf dieses Spiel einließ und dass er mir recht konkret beschreiben konnte, wie der Film »Der neue Herr Beier in seinem neuen Job« aussah. In seiner Beschreibung sprach Herr Beier vor allem über seine Werte in dem neuen Job, die die Grundlage seiner Motivation bilden. Damit nahm Herr Beier eine eigene Gewichtung vor, obwohl ich ihm ja verschiedene Ebenen angeboten hatte. So wurde für mich deutlich, dass es sinnvoll ist, an dieser Stelle mit seinen Werten weiter zu arbeiten. Die aus seiner Beschreibung resultierenden Werte lauteten: Akzeptanz, Wertschätzung, Freiheit sowie Leidenschaft.

In der folgenden Coachingsitzung arbeiteten wir dann an diesen Werten weiter. Ziel dieser Intervention war, den Transfer zu leisten, für Herrn Beier ein passendes Unternehmen zu finden, in dem er seine Werte leben kann. Herr Beier bemerkte sehr schnell, dass seine Werte eine wichtige Antriebskraft für ihn sind und sein Verhalten bestimmten. Sie gaben ihm eine Antwort auf das Warum seines Handelns, also dem Wunsch nach beruflicher Veränderung.

Ich nannte Herrn Beier noch einmal seine erarbeiteten Werte: »Akzeptanz«, »Wertschätzung«, »Freiheit«, »Leidenschaft«. Anschließend stellte ich ihm die Aufgabe, diese auf ein Blatt Papier zu schreiben und hinter jedem einzelnen Wert schriftlich zu fixieren, woran er erkennt, dass diese Werte sich für ihn erfüllen.

Um seine Werte weiter aufzuschlüsseln und zu konkretisieren, wollte ich, dass Herr Beier auch die Kriterien für seine Werte erarbeitet. Dazu erklärte ich ihm, dass die Kriterien das »Wie«, »Was«, »Wann« und »Wo« seiner Werte enthielten. Herr Beier bekam also die Aufgabe, für diese Werte die genauen Kriterien zu ermitteln. Durch das Ermitteln der Kriterien konnte er konkret herausarbeiten, was ihm wichtig war. Er zog für sich viele neue Schlüsse, und er fand heraus, wie wichtig es für ihn ist, bei einer beruflichen Veränderung darauf zu achten, seine Werte zu berücksichtigen.

Welche Fähigkeiten habe ich für eine Auftrags- und Zielklärung?

Im Coaching geht es um Zielerreichung und einen Klärungs- und Sortie-   *Gezieltes Feedback*
rungsprozess. Bereits in der Auftragsklärung spielt das gezielte Feedback eine
wichtige Rolle, denn nur fünf Prozent der Coachees kommen mit klaren,
wohlformulierten Zielen in den Coachingprozess. Der Coach erhöht durch
seine Rückmeldung die Wahrnehmungsfähigkeit des Coachees und erarbeitet
auf diese Weise zusammen mit dem Coachee Stück für Stück die Zielvorstellung.

Nützliche Fragen zur ersten Phase der Zielarbeit sind folgende (vgl. auch
verordnetes Coaching S. 39).

Fragen zur Aushandlung von Zielen bei einem verordneten Coaching:
- Wessen Idee war es, Sie hierher zu schicken?
- Welche Überlegungen veranlassen X zu denken, Sie sollten hierher kom-
  men?
- Was hält X für die Gründe Ihres Problems?
- Was würde X Ihnen raten, was Sie tun sollten, um ihn/sie zufrieden zu
  stellen?
- Was würde X Ihnen raten, anders zu machen?
- Wann waren Sie zuletzt in der Lage, es so zu machen?
- Was vermuten Sie, hätte X gesagt, wenn X gesehen hätte, dass Sie in der
  Lage waren, es so zu machen?
- Was würde X Ihrer Vermutung nach sagen, was dann anders bei Ihnen
  wäre?
- Was würde X Ihrer Vermutung nach sagen, was Sie machen müssten, um
  es wieder so zu tun?
- Was müssten Sie tun, um X davon zu überzeugen, dass Sie nicht zu mir
  zu kommen brauchen?
- Welchen Unterschied würde dies in Ihrem Leben ausmachen?
- Auf welche Weise würde dies die Dinge zwischen Ihnen und X verändern?
- Was von dem, das jetzt noch nicht passiert ist, würde dann in Ihrem
  Leben stattfinden?
- Welchen Schritt müssten Sie zuerst tun, um damit zu beginnen?
- Was wird X vermutlich sagen, was Sie tun müssten, um zu beginnen?
- Wenn X bemerkt, dass Sie diese Schritte machen, welchen Unterschied
  wird dies für Ihre Beziehung zu X ausmachen?
- Welches Zutrauen haben Sie, dass Sie dies tun können?

❖ Was würde X sagen, welches Zutrauen er/sie darin hat, dass Sie dies tun können?
❖ Was kann dazu beitragen, Ihr Zutrauen zu steigern?
❖ Woran werden Sie erkennen, dass Sie genug getan haben?
❖ Wer wird zuerst die Veränderung bemerken, die Sie machen werden?
❖ Auf welche Weise wird Ihr Leben dann besser sein?
❖ Was werden Sie dann tun, was Sie jetzt noch nicht tun?

»Es ist wohl festzuhalten, dass ein jeder statt irgend etwas zu lernen, zunächst zu lernen habe, was wesentlich zu lernen ist.«

(Søren Kierkegaard)

Um Ihren Coachee anschließend mit Ressourcen zu versorgen, sollten Sie ihm verschiedene Maßnahmen anbieten, wie beispielsweise die Hausaufgabe, bis zum nächsten Treffen auf positive Veränderungen zu achten.

Tipps für die Auftragsklärung

❖ Unbedingt das Verhalten einer Person und die dahinterstehende Absicht trennen (s. auch Feedback, S. 90).
❖ Fragen nach dem Wissensstand des Coachees: Welche Vorerfahrung (erlebte, gehörte, gelesene) hat mein Coachee bereits vom Coaching?
❖ Vorabinformationen über Eigenschaften des Coachees vom Auftraggeber ablehnen!
❖ Formulierungen, Schlüsselworte, die der Coachee oder der Auftraggeber verwendet, aufschreiben oder merken und im Angebotstext wieder verwenden.

Nachdem Sie die Fragen: Was will der Coachee? Was heißt das für den Prozess? Wo können wir ansetzen? Sind die Prioritäten klar? mit dem Coachee geklärt haben, können Sie das folgende »KRAFT-Ziele-Modell« anwenden.

Das »KRAFT-Ziele-Modell«

»Wenn ich meine Ziele nicht kenne, dann ist es auch egal, welche Schritte ich für mein weiteres Vorgehen wähle.« Diese Aussage lehrt uns, dass wir wissen müssen, was wir wollen, damit wir das Leben, das wir uns wünschen, leben können. Auch beim Coaching geht es häufig darum, dem Coachee zu helfen, seine Ziele mit seinen Wünschen in Einklang zu bringen. Eine Methode, die sich bewährt hat, um dieses innere Wissen zu erforschen, stellt das »KRAFT-Ziele-Modell« dar.

Ziele bestimmen das weitere Vorgehen

Ich möchte ein starker Riese werden!

Bei der Entwicklung des Modells leitete mich folgende Vorannahme: Bei jeder Zielstellung der Coachees spielt die eigene Maximalkraft, die wiederum genetisch determiniert ist, die entscheidende Rolle. Wie viel von dieser Kraft ausgeschöpft wird ist abhängig davon, wie hoch die Willenskraft, das Engagement und die objektiven Rahmenbedingungen (politisch und wirtschaftlich) sind. Um dies zu klären und für den Prozessverlauf zu nutzen, eignet sich mein Modell vor allem für einen intensiven Coaching-Start. Es umfasst folgende Kriterien:

K – konkret, sinnesspezifisch,
R – realistisch, mit eigenen Prüfkriterien,
A – attraktiv, positive Auswirkungen,
F – Fähigkeiten zur Umsetzung, Ressourcen,
T – Terminplanung.

Ich bin der Meinung, dass nicht jeder Mensch alles erreichen kann und daher ist es wichtig, die einzelnen Kriterien differenziert zu betrachten.

Das K der »KRAFT-Ziele« steht für konkret und sinnesspezifisch. Da die meisten Coachees keine klare Vorstellung haben, was mit sinnesspezifisch gemeint ist, möchte ich an dieser Stelle die fünf Sinneskanäle etwas ausführlicher erläutern.

Wir nehmen Informationen mit unseren fünf Sinnen wahr

Die fünf Sinne entsprechen den fünf Sinneskanälen:

- der visuelle Kanal   = sehen
- der auditive Kanal   = hören
- der kinästhetische Kanal   = fühlen
- der olfaktorischen Kanal   = riechen
- der gustatorische Kanal   = schmecken

Menschen nehmen also alles um sich herum wahr, verarbeiten und speichern es in ihrer inneren Welt als Ereignisse und Gedanken. Wie sie das Gespeicherte dann wiederum repräsentieren, ist individuell sehr unterschiedlich.
Indem die Menschen das Wahrgenommene verarbeiten und speichern, differenzieren sie das, was sie sehen, hören, fühlen, riechen und schmecken noch weiter aus. Diese Ausdifferenzierungen sind für die Zielfragen aber nicht notwendig, daher gehe ich an dieser Stelle nicht weiter darauf ein.

Zurück zu den »KRAFT«-Zielen: Mit dem **K** von »KRAFT« ist, wie schon gesagt, die konkrete und sinnesspezifisch genaue Zielformulierung gemeint (s. Fallbeispiel S. 74).

Positive Formulierungen   Das **R** steht für **realistische** und positive Formulierungen. Meistens fragen die Coachees, warum es so wichtig ist, Ziele positiv zu formulieren. Die Antwort ist, dass es zieldienlich für Coachees ist, wenn sie wissen, woran sie erkennen können, dass sie etwas erreicht haben. Daran können sie abschätzen, ob ihr Ziel wirklich realistisch ist. Die meisten Coachees wissen, was sie nicht erreichen wollen, aber das allein ist zu wenig. Daraus können sie ihr Ziel nicht positiv formulieren. Aus diesem Grund frage ich den Coachee immer, wenn er mit einer Verneinung antwortet: »Was möchten Sie denn stattdessen erreichen?« und schon ist die Vorlage für die positive Formulierung geschaffen und der Coachee kann daraus eigene Prüfkriterien entwickeln.

Das **A** steht für **attraktiv**. Ist es wirklich attraktiv und lohnenswert, an dem formulierten Ziel zu arbeiten? Wie ist es um die Motivation des Coachees bestellt? Warum möchte er das Ziel erreichen? Durch die Frage nach der Motivation kommen meist die Werte des Coachees zum Ausdruck.

Das **F** steht für die **Fähigkeiten** zur Umsetzung der Ziele und hier ist es sinnvoll, intensiv an den Ressourcen des Coachees zu arbeiten. Welche Referenzerfahrungen, welche Fähigkeiten hat er? Wie kann er die bereits vorhandenen Fähigkeiten einsetzen und wo müssen neue Fähigkeiten und Ressourcen weiterentwickelt werden?

Das **T** steht für **Termin**. Bis wann genau möchte der Coachee sein Ziel erreicht haben? Was ist der erste Schritt, um auf dieses Ziel zuzugehen? Bis wann kann er diesen ersten Schritt tun und wann folgen der zweite und der dritte Schritt? Was sind seine kurz-, mittel- und langfristigen Ziele?

Wann genau?

Um die Arbeit mit den »KRAFT-Zielen« zu vereinfachen, habe ich dazu den folgenden Fragebogen erarbeitet. Diese Fragen können Sie Ihrem Coachee der Reihe nach stellen und ihn bei der Beantwortung der Fragen durch Erläuterung unterstützen:

K	Was genau wollen Sie erreichen?
	Wann, wo und mit wem wollen Sie es erreichen?
	Woran werden Sie erkennen, dass Sie dieses Ziel erreicht haben?
	Was sehen, hören, fühlen Sie, wenn Sie Ihr Ziel erreicht haben?
	Was wollen Sie tun? *Nicht:* Was wollen sie lassen, beenden, vermeiden?
R	Wie können Sie die Erreichung des Ziels eigenaktiv beeinflussen?
	Was steht in Ihrem Einflussbereich?
	Was genau können Sie tun? Nicht: Was sollen andere für Sie tun?
A	Was ist Ihnen wichtig daran, dieses Ziel zu erreichen?
	Was wird sich für Sie oder Ihre Umgebung verändern?
	Welche positiven Auswirkungen hat dies für Ihre Umgebung?
	Welchen Nutzen und Gewinn erhoffen Sie sich dadurch?
F	Welche Ressourcen (Fähigkeiten, Eigenschaften, Referenzerfahrungen) stehen Ihnen zur Verfügung, um Ihr Ziel zu erreichen?
	Wie können Sie diese Ressourcen einsetzen?
T	Bis wann wollen Sie Ihr Ziel erreichen? (Datum)
	Was ist Ihr erster Schritt auf das Ziel zu?
	Was genau müsste der nächste Schritt beinhalten?

Ich gebe Ihnen im Folgenden ein Beispiel für zwei Durchläufe aus einer Coaching-Sitzung, in der ich mit den »KRAFT«-Zielen gearbeitet habe:

Fallbeispiel: Arbeit an der Zielklärung

Konkretisierung des Auftrages durch Zielklärung

Die Zielklärung spielt im Coaching eine wichtige Rolle, weil sie der Konkretisierung des Auftrags dient. Es ist es wichtig, das Ziel mit dem Coachee so konkret wie möglich zu erarbeiten. Selbst wenn es viel Zeit kostet, ist das der einzige Weg, um zu einer genauen Formulierung zu kommen. Im ersten Schritt der Zielklärung ist es möglich, dass es dem Coachee noch nicht gelingt, sein Ziel genau und positiv zu formulieren. Deshalb ist ein zweiter oder auch dritter Durchlauf nützlich.

K Was genau wollen Sie erreichen?

1. Durchlauf: Erfolgreich sein, Leistungsfähigkeit entfalten, mehr Geld verdienen, eigene Vorstellungen umsetzen.

2. Durchlauf: Ich möchte Geschäftsführer für die von mir konzipierte Außenstelle in Düsseldorf werden.

Wann, wo und mit wem wollen Sie es erreichen?

1. Durchlauf: Permanent, wo es mir gefällt, mit mir.

2. Durchlauf: Im Jahr X in Düsseldorf mit dem Vorstand und mit dem Projektteam.

Woran werden Sie erkennen, dass Sie dieses Ziel erreicht haben?

1. Durchlauf: Ich suche mir aus meiner Zufriedenheit heraus ein neues Projekt und kann mit gutem Gefühl loslassen bzw. übergeben.

2. Durchlauf: Durch die Eröffnung in Düsseldorf.

Was sehen, hören, fühlen Sie, wenn Sie Ihr Ziel erreicht haben?

1. Durchlauf: Ich sehe etwas von mir Geschaffenes, ich höre Musik, ich fühle mich wohl und angenehm erschöpft.

2. Durchlauf: Ich sehe mein Projektteam, höre unterschiedliche Stimmen im Austausch und in der Reflexion, ich weiß, dass ich nicht allein bin und ich fühle mich durch den Zusammenhalt wohl und sicher.

Was wollen Sie tun? Nicht: Was wollen Sie lassen, beenden, vermeiden?

1. Durchlauf: Das Ziel genau definieren, Aufgaben daraus ableiten und Maßnahmen zur Analyse ergreifen, ein Konzept erstellen, mit der Umsetzung beginnen und die Kontrolle einleiten.

2. Durchlauf: Ich erarbeite die Projektplanung, stelle sie dem Vorstand und dem Projektteam vor und bespreche im Anschluss die Aufgabenverteilung.

R **Wie können Sie die Erreichung des Ziels eigenaktiv beeinflussen?**

1. Durchlauf: Anfangen und dranbleiben.

2. Durchlauf: Ich werde dem Vorstand eine voraussichtliche Gewinnermittlung vorlegen und Beispielprojekte benennen.

Was steht in Ihrem Einflussbereich? Was genau können Sie tun?

1. Durchlauf: Mir in meiner Planung Zeit dafür reservieren.

2. Durchlauf: Den Vorstand informieren, um genaue Terminabsprachen mit ihm vorzunehmen.

Was sind Ihre Erfolgskriterien?

1. Durchlauf: »Spaß« im Sinne von Zufriedenheit.

2. Durchlauf: Zuspruch von den Mitarbeitern, Akzeptanz vom Vorstand, motiviertes Team, hervorragende Umsätze, neue Kunden.

A **Was ist Ihnen wichtig daran, dieses Ziel zu erreichen?**

1. Durchlauf: Ich möchte mich weiter entwickeln, im Fluss sein.

2. Durchlauf: Mir ist es wichtig, meine Visionen zu verwirklichen und mich mit meiner Identität kreativ zu erleben.

Was wird sich dadurch verändern, wenn Sie Ihr Ziel erreicht haben?

1. Durchlauf: Ich werde ein neues Ziel definieren.

2. Durchlauf: Mein Umzug wird bewältigt sein, ich habe neue Mitarbeiter, mehr Verantwortung, mehr Geld, eigene hohe Motivation für den erforderlichen Zeitaufwand.

Welche positiven Auswirkungen hat dies?

1. Durchlauf: Es macht mir Spaß und ich bin in einem guten Zustand.

2. Durchlauf: Es ist eine Herausforderung, die mir Freude bereitet und wichtig für mein Lebensgefühl ist.

Welchen Nutzen und Gewinn erhoffen Sie sich dadurch?

1. Durchlauf: Mehr Verantwortung und mehr Geld.

2. Durchlauf: Mein Einsatz wird durch Anerkennung und Geld gewürdigt.

F **Welche Ressourcen (Fähigkeiten, Eigenschaften, Referenzerfahrungen) stehen Ihnen zur Verfügung, um Ihr Ziel zu erreichen? Wie können Sie diese Ressourcen einsetzen?**

1. Durchlauf: Analytische Fähigkeiten, strategische Fähigkeiten, die Fähigkeit, Personen zu überzeugen und zu motivieren, Erfolge zu feiern.

2. Durchlauf: Visionen entwickeln und umsetzen, hohe Eigenmotivation und Kreativität.

> **T** **Bis wann wollen Sie Ihr Ziel erreichen? (Datum)**
>
> *1. Durchlauf:* Bis Ende nächsten Jahres.
>
> *2. Durchlauf:* Bis Ende nächsten Jahres.
>
> **Was ist Ihr erster Schritt auf das Ziel zu?**
>
> *1. Durchlauf:* Termin beim Vorstand, Zukunftsplanung.
>
> *2. Durchlauf:* Nächste Woche am Mittwoch ein Gespräch mit dem Vorstand suchen. Ich werde dem Vorstand die Ergebnisse meiner heutigen Arbeit vorstellen und für das Gespräch einen Finanzierungsplan erarbeiten.
>
> **Wie sieht der nächste Schritt aus?**
>
> *1. Durchlauf:* Reflektieren, auswerten, meinen Zustand überprüfen.
>
> *2. Durchlauf:* Neue Projektgruppe zusammenstellen und dafür ein Assessment Center entwickeln.

Wie man an diesem Beispiel sehen kann, sind die ersten Gedanken des Coachees meist sehr vage formuliert. Daher sollte im Coachingprozess immer wieder der scheinbare Gegensatz von intuitivem Arbeiten und strukturiertem Vorgehen aufgelöst werden. Sollte er sich nicht auflösen, kann beim Coachee ein Konflikt zwischen Ziel- und Prozessorientierung entstehen. Das zeigt sich wie in dem oben genannten Beispiel, wenn der Coachee mehr Erfolg möchte, jedoch – im ersten Durchlauf – noch nicht weiß, in welchem Bereich. Gelingt im zweiten Durchlauf die Konkretisierung nicht, dann sollte der Coach nicht mit dieser strukturierten Methode weiterarbeiten, sondern die Vorgehensweise wechseln. Ein Motto aus dem lösungsorientierten Arbeiten lautet dazu: Wenn etwas nicht funktioniert, dann probieren Sie etwas anderes!

Sie können sich als Coach auch fragen, welches die konkreten Indizien und Hinweise dafür sind, dass das Ziel-Format nicht stimmig erscheint. Die Antworten können lauten:

> »Verfolge dein Ziel, als ob du keins hättest.«
>
> *(Laotse)*

❖ Das Ziel ist vage und negativ formuliert.
❖ Das Ziel erscheint nicht attraktiv.
❖ Es können nicht alle Fragen, zum Beispiel die K- und A-Frage, beantwortet werden.
❖ Der Coachee wechselt das Thema, pendelt zwischen verschiedenen Themen, weil er den Kontext für die Zielumsetzung sucht.

An diese Indizien knüpft die Intuition des Coachs an. Es beginnt ein interner Suchprozess, der folgende Phasen beinhaltet:

- ❖ Reflexion über den Ist-Zustand des Prozesses,
- ❖ Angleichen (an eine inhaltlich vage formulierte Zielbeschreibung),
- ❖ Wiederholung der Ergebnisse in Form eines Feedbacks,
- ❖ Erkunden eines größeren, darüber liegenden Ziels, zum Beispiel mit der Methode der Kernintention (vgl. S. 60).

Sobald die entsprechenden Ergebnisse vorliegen, kann der Coach mit folgenden Fragen weiterarbeiten:

- ❖ Was will der Coachee erreichen?
- ❖ Was kann der Coachee tun, um sein Ziel zu erreichen?
- ❖ Welche Strategien hat er, um die neu erworbenen Erkenntnisse über den Inhalt seines Ziels in seiner Umsetzungsphase zu aktivieren?

Je deutlicher Sie mit dem Coachee das Ziel erarbeiten, desto größer ist seine Motivation, das Coaching als Unterstützung für einen Veränderungsprozess zu nutzen.

> »Man muss lernen, was zu lernen ist, und dann seinen eigenen Weg gehen.«
> *(Georg Friedrich Händel)*

Zieldefinition

Die Zielvorstellungen, die vom Coachee eingebracht oder erarbeitet werden, sind flexibel und können sich – manchmal stündlich oder auch von einer Sitzung zur anderen – ändern. Sie sind der Leitfaden der Zusammenarbeit. Da die Coachees zu Co-Coachs werden, die selbst den Maßstab dafür setzen, was umsetzbare Lösungen sind, ändern sie mit zunehmendem Kompetenzbewusstsein auch die Richtung, die sie einschlagen. Der ursprüngliche Arbeitsauftrag mit der anfänglichen Zielvereinbarung ändert sich dann in gleichem Maße.

Damit der Coach diese Veränderung begleiten und unterstützen kann, gehören Fragen zu seinem ständigen Interventionsrepertoire. Fragetechniken haben unterschiedliche Ziele und Nutzen.

Ziele und Nutzen von Fragen

Für das Coaching sind Fragen besonders wichtig, denn durch Nachfragen
❖ erhalte ich Informationen,
❖ erfahre ich die Bedürfnisse des Gesprächspartners,
❖ binde ich die Aufmerksamkeit des Gesprächspartners,
❖ veranlasse ich ihn zum Nachdenken,
❖ beweise ich Interesse,
❖ gewinne ich Sympathie,
❖ verschaffe ich mir Zeit zum Überlegen,
❖ kann ich zuhören und verringere das Risiko, Falsches zu sagen,
❖ vermeide ich Meinungsverschiedenheiten, entschärfe ich Behauptungen,
❖ schaffe ich eine Basis für gemeinsame Zielfindung und Vereinbarungen.

Was weiß ich über Rang und mein eigenes Rangbewusstsein?

Alles, was wir tun, hat eine Wirkung auf unsere Umwelt. Über unseren Rang werden wichtige Informationen ausgedrückt, beispielsweise auch darüber, wie sich Menschen in einem bestimmten Kontext bewegen.

Rangbewusstsein erweitert persönliche Grenzen

Wie bewegt sich ein Chef in seinem Unternehmen? Ist sein Rang mit ambivalenten Gefühlen belegt? Wie prägt der Rang sein Kommunikationsverhalten mit seinen Mitarbeitern? Schon allein diese Fragen zeigen, wie wichtig es ist, sich über Rangordnungen und Privilegien in Beziehungsnetzen bewusst zu werden, um Kommunikationsprozesse einordnen und verbessern zu können. Rangbewusstheit erweitert Ihre persönlichen Grenzen, weil Sie Verhaltensmuster anderer Menschen erkennen und dadurch mehr Wahlmöglichkeiten im eigenen Verhalten zur Verfügung haben.

Auch bei der Auftragsklärung spielen die Themen Hierarchie, Rang und Rangbewusstsein häufig wichtige Rollen. Daher ist es für den Coach zieldienlich, sich ein Organigramm erläutern oder aufzeichnen zu lassen. So kann er ablesen, auf welcher Hierarchieebene sich der Coachee in seinem Unternehmen befindet. Dies gibt Ihnen Auskunft über den offiziellen Rang des Coachees. Der offizielle Rang muss nicht unbedingt mit der Hierarchieebene übereinstimmen, denn es gibt einen offiziellen und einen inoffiziellen Rang. Am einfachsten finden Sie den Rang einer Person heraus, indem Sie sich zusätzlich zur Position auch die Entscheidungsbefugnisse beschreiben lassen.

Offizieller Rang, inoffizieller Rang

Um dieses Thema anschaulicher zu machen, stellen Sie sich folgende Situation Ihres Coachees vor. Er ist in der Hierarchie auf der Vertriebsleiterebene angesiedelt. Durch seine Talente, sein Wissen und durch Zusatzausbildungen hat er eine Macht, die deutlich über seiner Hierarchieebene liegt. Damit ist sein Rang ein inoffizieller: Er hat Fähigkeiten (wie Ausbildung, Wissen, Ausstrahlung und so weiter), die ihn zu einem besonders fähigen und wichtigen Mitarbeiter machen in der Hierarchie des Unternehmens aber nicht berücksichtigt werden.

Um solche Sachverhalte zu erkennen, sollte jeder Coach als Grundvoraussetzung seine eigenen Rangerfahrungen reflektieren. Ist ihm bewusst, wie seine Position eingeschätzt wird? Kann er mit der ihm zugeteilten Hierarchieebene umgehen? Nur insoweit, wie der Coach sein eigenes Rangbewusstsein reflektiert hat, kann er seinen Coachee in dieser Frage begleiten.

Eigene Rangerfahrungen reflektieren

Fallbeispiel: Aller Anfang ist schwer – und Rangbewusstsein sehr wichtig!

Vor einigen Jahren hatte ich ein Akquisegespräch mit einem Vorstand eines mittelständischen Unternehmens. Ich traf pünktlich zum vereinbarten Termin ein und wurde von der Sekretärin gebeten, noch etwas zu warten. Nach 20 Minuten bat mich dann Herr Fux, der Vorstand, in sein Büro. Hier interpretierte ich, dass Herr Fux eine hohe Bewusstheit über seinen Rang hatte und es in seinem Erleben völlig normal ist, dass andere Personen 20 Minuten auf ihn – in der Rolle des Vorstands – warten. Ich sah in ihm einen Menschen mit Erfahrung, der wusste, was er wollte, dessen Stil mir aber missfiel.

Herr Fux fragte mich nach meinen Referenzen, beruflichen Erfahrungen und den Orten meines Haupttätigkeitsfeldes. In diesem Zusammenhang erzählte ich Herrn Fux, dass ich überwiegend in Berlin arbeite, da mein Sohn erst vier Jahre alt sei und mein Mann ebenfalls selbstständg tätig ist. Darauf erklärte mir Herr Fux, dass meine familiäre Situation ein Hindernis für beruflichen Erfolg sei, da ich nicht flexibel genug agieren könne. Herr Fux bemerkte meine Verärgerung und legte noch nach, indem er mir viele Ratschläge zu meiner Rolle als Coach und Beraterin gab. Seine Vorstellungen deckten sich keineswegs mit meinen, und so kam ich in eine Zwickmühle. Einerseits wollte ich den Auftrag von Herrn Fux, andererseits spürte ich seine guten Ratschläge wie Schläge und wurde zunehmend wütender. Bald hatte ich dann nur noch den Wunsch, schnell nach Hause zu kommen, um diese Situation hinter mir zu lassen. Es ist nie zu einer Zusammenarbeit zwischen Herrn Fux und mir gekommen.

Was war geschehen, und was habe ich daraus gelernt?

❖ Herr Fux wollte mir seine Kompetenz beweisen, indem er mir erklärte, wie die Dinge in seinen Augen funktionieren. Hier nahm er den offiziellen Rang eines Auftraggebers beziehungsweise Vorstands ein.
❖ Ich hatte an dieser Stelle also meinen eigenen Rang (verbunden mit meinen Erfahrungen und Fähigkeiten) als Coach nicht reflektiert.
❖ Ein Rollenkonflikt in mir wurde deutlich: Der Konflikt Coach/Mutter/Ehefrau. An dieser Stelle fehlte mir das Selbstvertrauen und die Selbstreflexion über die eigene Rolle, also Kenntnis über meinen sozialen Rang. Ich hätte Herrn Fux auch mit Stolz erzählen können, wie ich diese drei Rollen unter einen Hut bringe, wie meine Familie mich dabei mit viel Verständnis und Liebe unterstützt und wie es mit einem guten Zeitmanagement gelingt, alles zu bewältigen.

> »Wir lernen durch Irren und Fehler und werden Meister durch Übung, ohne zu merken, wie es zugegangen ist.«
> *(Christoph Martin Wieland)*

Ein Rang ist mit spezifischen Privilegien verbunden. Ob ein Rang verdient ist oder ob er Teil eines Erbes oder einer »guten Beziehung« ist, bestimmt das Kommunikationsverhalten des Ranginhabers.

Ich fasse auf den folgenden Seiten anhand von Arnold Mindells Buch »Mitten im Feuer« und in Form von Fallbeispielen noch einmal zusammen, was Rang bedeutet und wie Sie als Coach Rangbewusstsein reflektieren können.

Der Rang einer Person bezeichnet ihre Stellung innerhalb einer Gesellschaft, einer Gruppe, einer Firma, einer Familie. Ränge werden aufgrund von Fähigkeiten, Ausstrahlung oder Macht vergeben.

In der Prozessarbeit wird Rang als bewusste oder unbewusste soziale und persönliche Fähigkeit, die auf Macht und Kraft beruht, bezeichnet. Da es in der Kommunikation und vor allem im Coaching sehr stark um Rangstrukturen der Menschen in ihrem Unternehmen geht, ist es wichtig sich seines eigenen Ranges als Coach bewusst zu sein. Dies dient auch dem Klärungsprozess, auf welcher Rangebene ich als Coach im Unternehmen arbeiten kann und möchte. – Mit einem reflektierten Rangbewusstsein gehen Sie gezielter in die Akquisition.

Rang ist häufig mit ambivalenten Gefühlen belegt. Trotzdem ist es gut, wenn auch die Coachees sich der vorhandenen Ränge bewusst sind, weil so Unterschiede deutlich werden und Konflikte vermieden werden können.

Das folgende Fallbeispiel zeigt, welche Zwickmühlen mit dem gesellschaftlichen Rang verbunden sein können.

Fallbeispiel: Die Ärztin

Eine junge praktische Ärztin kam mit dem Anliegen zum Coaching, ihre berufliche Karriere zu reflektieren und mit mir zusammen eine Strategie zur Karriereplanung zu entwickeln. Sie berichtete mir, dass sie aus einfachen sozialen Verhältnissen stamme. Sie wurde, soweit es möglich war, von ihren Eltern unterstützt – natürlich in der Hoffnung, dass sie nach Abschluss ihres Studiums auf eigenen Füßen stehen würde. Während ihres sechsjährigen Studiums verzichtete sie auf viele Annehmlichkeiten. Nach dem erfolgreichen Studienabschluss gelang es ihr trotz vieler Schwierigkeiten, eine dreijährige Facharztweiterbildung in einem Krankenhaus zu beginnen. Hier zeigte sich der erste Rangkonflikt. Durch ihre Ausbildung trug sie im Krankenhaus eine sehr hohe Verantwortung. Sie entschied bei ihrer Arbeit über Leben und Tod, wurde jedoch nicht verantwortungsgerecht entlohnt. Die dort arbeitenden Krankenschwestern in ihrem Alter hatten eine viel geringere Qualifikation, trugen weniger Verantwortung, bekamen jedoch viel mehr Geld als sie.

Hier wird deutlich, dass der offizielle, gesellschaftliche Rang der Ärztin nicht mit dem inoffiziellen Rang der Entlohnung übereinstimmten. Den Patienten gegenüber hatte die Ärztin allerdings einen sehr hohen Rang, da die Patienten sich nicht für die Krankenhaushierarchien interessierten. Für sie war sie »die Frau Doktor«, die ihnen half, und die immer für sie da war.

Als die Ärtzin diese Zwickmühle im Krankenhaus thematisierte, wurde ihr mitgeteilt, dass sie sich ja noch in der Ausbildung befände (dieser Zeitraum betrug nun schon insgesamt acht Jahre!), aber sobald diese abgeschlossen sei, würde sie einen deutlichen Ausgleich spüren.

Als die neun Jahre Ausbildung vorbei waren, bemühte sie sich um eine Festanstellung. Im Krankenhaus bekam sie aber keine, sondern nur die Rückmeldung, dass auf allen Ebenen Stellen abgebaut würden. Also blieb ihr nichts anderes übrig, als den Sprung ins kalte Wasser zu wagen und sich mit dem Gedanken der Selbstständigkeit vertraut zu machen. Dafür holte sie sich Rat bei einem älteren Arzt, bei dem sie vor Jahren ein Praktikum absolviert hatte.

Der Arzt, inzwischen 55 Jahre alt, erzählte ihr von dem drastischen Einkommensrückgang der Ärzte in den letzten 15 Jahren. Er riet ihr ab, sich selbstständig zu machen, da der Aufwand in keinem Verhältnis mehr zum Einkommen stünde.

Es existieren nebeneinander unterschiedliche Arten von Rängen

Dieses Fallbeispiel verdeutlicht, dass es unterschiedliche Arten von Rängen gibt, die nebeneinander existieren. Auf der einen Seite genießt eine Ärztin gesellschaftlich einen sehr hohen Rang, auf der anderen Seite haben Ärzte bis zum Abschluss ihrer Facharztausbildung einen gesellschaftlich sehr niedrigen Rang wegen der schlechten Bezahlung.

Gleichgültig, ob man sich seines Ranges bewusst ist oder nicht, er hat immer eine Wirkung, die bei einem reflektierten Rangbewusstsein höher ist, als bei einem unreflektierten. Rangbewusstsein spielt, so sagt Mindell, gerade in Konflikten eine wesentliche Rolle. Konflikte können beispielsweise entstehen, wenn der Rang durch die rangniedrigere Konfliktpartei thematisiert wird und die andere Partei sich ihres Ranges und der damit verbundenen Macht bewusst ist. Wenn dem Ranghöheren der eigene Rang bewusst ist und er seine Macht zum Nachteil von Rangniedrigeren einsetzt, dann zeigt er durch diesen Machtmissbrauch auch Schwäche. Die rangunterlegene Partei dagegen weiß, dass es darum geht, die Kräfte zu messen. Sie fühlt sich dem anderen gegenüber unterlegen und versucht Strategien zu entwickeln, dieses Machtspiel auf anderen Rangebenen (zum Beispiel den Persönlichkeitsrang) zu gewinnen. Wie das praktisch im Unternehmen aussehen kann, möchte ich Ihnen im Fallbeispiel des Vertriebsleiters verdeutlichen.

Fallbeispiel: Der Vertriebsleiter

Ein Mann von 40 Jahren wurde vor drei Jahren in einem süddeutschen Großunternehmen zum Vertriebsleiter ernannt. In seiner Funktion hatte er eine Entscheidungsbefugnis, die über mehrere Millionen Euro reichte. Seine Abteilung umfasste ungefähr 30 Angestellte. Dieser intelligente, kreative und einsatzfreudige Coachee berichtete mir von einem Rangkonflikt mit seinem Vorgesetzten, der ihn am Ende seine Stelle kostete.

Der Vorgesetzte bemängelte seinen Führungsstil. Es gab schon seit zwei Jahren einige Auseinandersetzungen, die immer mit unterschiedlichen Standpunkten endeten. Das Team meines Coachees stand voll und ganz hinter ihm. Alle hatten eine hohe Meinung von ihm, achteten ihn und schätzten seine Fähigkeiten, vor allem sein analytisches und strategisches Vorgehen, seine Gewandtheit sowie seine Fähigkeit, Visionen zu entwickeln und diese dann gemeinsam mit dem Team umzusetzen.

Der Vorgesetzte wollte meinem Coachee zeigen, wie man sein Team zur Mehrarbeit motivieren kann. Dazu lud er das gesamte Team zum Abendessen ein. Es war das erste Mal, dass er sich persönlich zum Abendessen mit diesem Team traf, insofern war es etwas Besonderes. An dem Tag der Einladung erschienen alle voller Erwartung darauf, was an diesem Abend passieren würde. Die Begrüßungsrede des Vorgesetzten endete mit den Worten: Da wir uns alle hier in unserer Freizeit treffen, ist es für mich klar, dass jeder seine Rechnung selbst bezahlt. Da mein Coachee diese Klarstellung als einen Affront gegen sich und sein Team empfand, wollte er die Situation retten und fügte schnell hinzu, dass er sein Team und auch seinen Vorgesetzten an diesem Abend gern privat einladen möchte.

An dieser Stelle wird der Rangkonflikt deutlich. Der Ranghöhere, also der Vorgesetzte, lädt ein. Er ist sich seiner Macht und seiner Stärke bewusst. Aufgrund seines Ranges hat er die Vorannahme, allein sein Erscheinen an diesem Abend wirke sich motivierend auf das Team aus. Der Rangunterlegene, in diesem Fall mein Coachee, übernimmt die Rechnung, was die Gesamtsituation wiederum völlig verändert. Sofort geht es um ein Kräftemessen beziehungsweise einen Machtkampf zwischen verschiedenen Rangebenen. Obwohl mein Coachee auf der Rangebene unterlegen ist, nutzt er seinen Persönlichkeitsrang (er genießt bei seinem Team ein hohes Ansehen), um in diesem Rangkonflikt mitzuhalten.

14 Tage später teilte der Vorgesetzte dann meinem Coachee mit, dass es eine Umstrukturierung geben und dabei sein Posten als Vertriebsleiter wegfallen werde. Er sollte versetzt werden und dazu werde man ihm später noch konkrete Angebote unterbreiten.

Kräftemessen im
Rangkonflikt

Fazit: Beide Parteien waren sich in diesem Konflikt ihres Ranges bewusst und spielten dies auch in ihrem Kräftemessen bis zur letzten Konsequenz aus. Jeder verhielt sich so angemessen er konnte und auf der Rangebene, die ihm zur Verfügung stand. Da der Vorgesetzte den höheren Rang und mehr Macht besaß, konnte er den Konflikt auf diese Art für sich lösen.

Das bedeutet: Rang und Rangbewusstheit korrelieren üblicherweise auch auf der Verhaltensebene miteinander in einer Art, die Konflikte provoziert. Besonders in Grenzsituationen und in konfliktträchtigen Momenten werden Kommunikation und Verhalten vom Rangerleben geprägt.

Was also ist zu tun, wenn, wie im oben genannten Beispiel, sich zwei unterschiedliche Rangebenen begegnen und aneinander geraten? Es reicht an dieser Stelle nicht aus, nur eine Rangbewusstheit zu haben, sondern man muss auch vor dem Handeln an die Auswirkungen seines Verhaltens denken. In diesem Fall wäre zum Beispiel die elegantere Lösung gewesen, dem Team die Rechnung zu erstatten, ohne dies zu veröffentlichen. Die Auswirkungen des Handelns müssen immer auf allen Ebenen überprüft werden.

Erziehungsthemen
in Gruppen

Die folgende Übung eignet sich, um bei einem Gruppencoaching die unterschiedlichen Ränge bewusst zu machen und zu würdigen. Beziehungsthemen in Gruppen und Organisationen sind fast immer mit völlig oder teilweise unbewussten Rangspielen oder Kräftemessen verbunden. Durch die Bewusstheit des eigenen Ranges kann jedes Teammitglied sehen und auch akzeptieren, wo sein eigener Beitrag für die Weiterentwicklung in seinem Team, seinem Unternehmen, liegen kann.

Übung: Mein Rang (Gruppenübung mit unterschiedlichen Rängen)

Teilen Sie Ihre Coaching-Gruppe in Zweiergruppen auf. Die Aufgabe der Teilnehmer ist es, sich gegenseitig den folgenden Rängen zuzuordnen und anschließend darüber zu reflektieren.

❖ Sozialer Rang: zum Beispiel Frau, Mann.

❖ Spiritueller Rang: zum Beispiel Ethik, Glaube.

❖ Bildungsrang: Welche Ausbildungen beziehungsweise welches Studium habe ich?

❖ Herkunftsrang: Aus welcher sozialen Gruppe komme ich?

❖ Körperlicher Rang: zum Beispiel Größe, Schönheit, Kraft.

❖ Persönlichkeitsrang: Welche persönliche Ausstrahlung habe ich?

❖ Wahrnehmungsrang: Wie gut kann ich wahrnehmen?

❖ Finanzieller Rang: Wie viel verdiene ich? Wie ist mein finanzieller Hintergrund?

❖ Kommunikationsrang: Wie viele Sprachen spreche ich? Wie schätze ich meine Kommunikationsfähigkeit ein?

❖ Sprachlicher Rang: Wie schätze ich meine sprachliche Genauigkeit ein?

❖ Konfliktrang: Was weiß ich über Konflikte? Wie gehe ich mit Konflikten um beziehungsweise wie schätze ich mein eigenes Konfliktverhalten ein?

❖ Kreativer Rang: Wie kreativ bin ich?

❖ Rang der persönlichen Geschichte: Wie war meine persönliche Geschichte? Welche Erlebnisse haben mich geprägt?

❖ Beziehungsrang: Auf welchen Ebenen habe ich Beziehungen?

❖ Familiärer Rang: Habe ich Kinder? Wie viele? Wie alt?

❖ Alter: Wie alt bin ich und welche Auswirkungen hat mein Alter auf meinen Rang, meine Arbeit und auf meine Erfahrungen?

Lassen Sie die eigene Rangordnung in Zweiergruppen reflektieren. Welche Ränge gibt es? Welche Beziehung haben die Teilnehmer zu den verschiedenen Rängen? Sind die Ränge bewusst? Können die Teilnehmer ihre unterschiedlichen Ränge annehmen?

Anschließend kommt die Gruppe wieder im Plenum zusammen und spricht über die Erfahrungen, die sie aus dieser Übung gezogen hat.

Die Rahmenbedingungen für das Coaching

Welches Setting ist mir im Coaching wichtig?

Ebenso wichtig wie die Frage, welchem Coachtyp (vgl. S. 62) Sie am ehesten entsprechen, ist die Frage nach der günstigsten Arbeitsatmosphäre. Um sie herzustellen, eignet sich am besten ein eigenes Büro. Ich empfehle für das optimale Setting, die Räumlichkeiten so einzurichten, dass sie sowohl für Sie als Coach wie auch für den Coachee gemütlich sind. Die Sitzgelegenheiten sollten bequem sein, zudem sollten Annehmlichkeiten wie Kekse, Kaffee, Wasser, Saft und Ähnliches sowie Papiertaschentücher und etwas zum Schreiben für den Coachee bereitstehen. Die Ausrüstung, die ein Coach benötigt, differiert je nach Selbsteinschätzung und Arbeitsstil.

Für den Coach, der sich bei der Typisierung beispielsweise als »Macher« eingeordnet hat, ist die Vorbereitung mit den entsprechenden Utensilien ein Muss. Zu jedem Treffen gehören genaue Vorüberlegungen darüber, was für den Prozess gebraucht wird: Flipcharts, Tabellen, Checklisten usw. Eine Videokamera mit Abspielgerät ermöglicht, Szenarien wie beispielsweise ein Mitarbeitergespräch mit verteilten Rollen nachzuspielen, aufzunehmen und hinterher gemeinsam zu analysieren.

Der Typ Coach als »Begleiter« benötigt nicht ganz so viele Utensilien. Um die Fähigkeiten seines Coachees besser zu erkennen, gehören zu seiner Ausrüstung eher Papier und Buntstifte, um den Coachee z.B. ein Bild zur beruflichen Situation malen zu lassen oder Steine und Ähnliches, die er dem Coachee zu Zwecken einer Aufstellung zur Verfügung stellt.

Der »Mentor« hingegen arbeitet mit dem Coachee auch mal in der Natur. Er macht Spaziergänge mit seinem Coachee und kann sich die Ausrüstung für das Coaching auch in der Natur (Steine, Gräser usw.) suchen. Er richtet sich im Coaching ganz nach den Bedürfnissen seines Coachees und macht keine Vorgaben.

Der »Inspirator« hält sich gern im Unternehmen des Coachees auf, zum Beispiel zu einem Schattentag. Er hat immer seine Unterlagen dabei, um sich Notizen machen zu können. Durch seine Felderfahrung kennt er viele Beispiele aus verschiedenen Unternehmen, die er seinem Coachee weitergeben kann.

Wenn der Coach sich eher als Typ »Charismatiker« einschätzt, dann kann er auf den größten Teil der technischen Ausrüstung verzichten, jedoch ist hier von Bedeutung, einen großen eigenen Erfahrungsschatz mitzubringen und darüber nicht nur zu berichten, sondern diesen im Prozess zu leben. Durch die Fähigkeit, sich schnell auf den Stil des Coachees einzustellen, hat der Charismatiker ein Gespür für die nächsten Schritte im Veränderungsprozess. Er weckt bei dem Coachee das Bedürfnis, seinem Tun Sinn und Zweck zu geben.

Der Schattentag

Als Schattentag werden Zeiten bezeichnet, in denen der Coach den Coachee in seinem Arbeitsumfeld begleitet und beobachtet (s. Mahlmann 2001). Wird ein Schattentag gewünscht, ist zunächst zu klären, ob er im Unternehmen stattfinden soll oder ob es zieldienlicher ist, die Sitzungen unternehmensextern durchzuführen, also zum Beispiel während einer Tagung oder einer Projektarbeit, die außerhalb des Unternehmens stattfindet.

Bei einem Schattentag im Unternehmen stellt sich die Frage, ob dieser Vorgang auch für die Mitarbeiter transparent gemacht werden soll: Wird der Coach im Unternehmen als Coach vorgestellt oder soll seine Intervention geheim gehalten werden?

Ich selbst tendiere immer zur Transparenz, weil es für die Kompetenz der Führungskraft spricht, wenn sie es sich leisten kann, Offenheit darüber herzustellen, dass sie sich für bestimmte Schwerpunkte coachen lässt. Wenn aber der Coachee sagt: »Ich möchte vorerst nicht, dass meine Mitarbeiter das wissen«, kann die Vereinbarung getroffen werden, dass der Coach als eine Person auftritt, die das Unternehmen kennen lernen möchte, um sich über bestimmte Sachverhalte und Praktiken zu informieren. In diesem Fall wird nichts über den Gesamtprozess oder das Commitment zwischen Coach und Coachee weitergegeben.

Es ist sehr wichtig, diese Sachlage im Vorfeld zu klären, denn wenn man im Unternehmen den anderen Mitarbeitern vorgestellt und gefragt wird: »Was machen Sie denn hier?« und: »Wie sind Sie zu uns gekommen?«, kann das bei Unklarheiten zu Irritationen führen.

Coach und Coachee

Wie gestalte ich die Beziehung zu meinem Coachee?

Setting im Klima der Wertschätzung

Insgesamt sollte das Setting ermöglichen, in einem Klima der Wertschätzung und des Vertrauens eine Brücke zum Coachee aufzubauen. Für eine professionelle Kommunikation ist ein gutes Setting eine unabdingbare Voraussetzung, da Sie sich als Coach Ihrem Kommunikationspartner im Gespräch angleichen sollten. Das bedeutet, mit Ihrem Gesprächspartner im »Gleichklang«, also auf einer Wellenlänge zu sein.

Rapport

Wenn diese gute Beziehung – im NLP auch **Rapport** genannt – vorhanden ist, und Sie sich einen Kommunikationskredit verschafft haben, können Sie stärker die Führung übernehmen, um Neues in das Coachinggespräch zu integrieren. Der Aufbau einer guten Beziehung zum Coachee ist die Voraussetzung für die Übernahme der Führung.

Nicht gleich mit der Tür ins Haus fallen

Beispiel für fehlenden Rapport: »*Guten Tag, schön dass Sie da sind. Sie sagten mir am Telefon, dass Ihr Coaching-Anliegen auch persönliche Themen streift. Erzählen Sie mal.*«
Hier fehlt die Kontaktaufnahme, um Vertrauen aufzubauen. Sie beginnen sozusagen mit einem Kaltstart.
Beispiel für einen guten Rapport und Übernahme der Führung im Gespräch: »*Guten Tag. Haben Sie denn gleich den Weg hierher gefunden? (Hier ein wenig small talk halten). Bitte nehmen Sie Platz, was kann ich Ihnen anbieten (Tee, Kaffee, Wasser usw.)? Welche Coachingerfahrungen haben Sie denn schon? Erzählen Sie mir von Ihren Erfahrungen. Welche Wünsche haben Sie bezüglich unseres Coachings? Was meinten Sie mit der Äußerung am Telefon, dass Ihr Coachinganliegen auch persönliche Themen streift?*

Guter Rapport holt den Coachee dort ab, wo er gerade ist und stellt einen Gleichklang her. Es geht darum, den anderen erst einmal ankommen zu lassen, damit langsam eine Annäherung entstehen kann. Anzeichen für einen guten Rapport sind:

- ❖ gleichzeitiges Lachen,
- ❖ Körperballett (gleiche Haltung, gleichzeitiges Wechseln der Haltung),
- ❖ gleiche Gestaltung von räumlicher Nähe und Distanz,
- ❖ ähnliche Art zu sprechen (wichtiger Hinweis bei Telefonaten),
- ❖ ähnliche Tonhöhe oder Satzmelodie,
- ❖ Begrüßung durch Handschütteln, gegenseitiges Nicken, Fragen zum Anwärmen.

Pacen

Wenn es Ihnen gelingt, die nonverbale Ausdrucksform des anderen anzunehmen, nennt man das im NLP **Pacen** (»im gleichen Schritt mitgehen«). Um einen guten Rapport herzustellen, ist es notwendig, dass Sie als Coach immer wieder von Neuem beginnen zu pacen, also sich auf Ihr Gegenüber einzustellen. Das Pacing kann sich natürlich auch auf die Gesprächsinhalte beziehen. Sie können Interessensgebiete des Gegenübers im Gespräch aufnehmen und weiterführen, seine Schlüsselworte wiederholen und eventuell Gemeinsamkeiten wie gemeinsame Hobbys oder gleiche Urlaubsziele hervorheben.

Nonverbale Ausdrucksform

Leaden

Sobald sich der Pacingprozess ausbalanciert hat, kann der Coach neue Ideen einfügen und den Fokus verändern. Wenn Sie beispielsweise eine Geste oder einen Wechsel in der Körperhaltung vornehmen und Ihr Gegenüber folgt Ihnen darin, haben Sie bereits »geführt«. Diesen zweiten Schritt nennt man im NLP **Leaden** (den Gesprächspartner im Gespräch führen). Auch indem Sie dem Coachee Fragen stellen, führen Sie den Prozess.

Fokus verändern

Kalibrieren

Nonverbale Reaktionen wahrnehmen

Wenn Sie sich auf Ihren Coachee einstellen und ihn verstehen wollen, brauchen Sie die Fähigkeit, nonverbale Reaktionen wahrzunehmen und mit dem inneren Zustand Ihres Coachees in Verbindung zu bringen. Meist passiert das unbewusst. Für einen Coach ist es jedoch wichtig, diesen Prozess bewusst wahrzunehmen. Es geht also darum, Ihre Wahrnehmung so zu schulen, dass Sie genau erkennen, in welchem Zustand sich der Coachee gerade befindet. Im NLP heißt diese Technik **Kalibrieren** (eichen, sich einstellen auf jemanden). Das Kalibrieren bezeichnet die Fähigkeit, nonverbales Feedback wahrzunehmen und von da aus auf den emotionalen Zustand und die Bedürfnisse eines Menschen zu schließen.

Man kann an nonverbalen Signalen erkennen, in welchem Zustand sich der Coachee befindet und was er in diesem Moment benötigt. Zum Beispiel erkenne ich einen schlechten Zustand daran, dass Falten auf der Stirn entstehen, die Atmung flacher wird, die Haut sich blass färbt und daran, dass der Blick nach unten gerichtet ist. An dieser Stelle ist ein gutes Pacing nützlich, mit eine Formulierung wie: »Ich glaube, dieses Erlebnis geht Ihnen sehr nahe.« Damit lassen Sie den Coachee auch Ihre Empathie erleben. Erst danach ist es zieldienlich, einen Fokuswechsel vorzunehmen.

Jeder Coach sollte immer wieder testen, welche Beobachtungsbereiche ihm leicht fallen und wo seine Wahrnehmung noch gezielter werden sollte. Eine geschulte Beobachtungsgabe gibt dem Coach wesentliche Hinweise für weitere Interventionen.

Welche Regeln gelten für ein konstruktives Feedback?

Feedback als roter Faden

Das gezielte Feedback des Coachs zieht sich wie ein roter Faden durch den gesamten Coachingprozess. Um gemeinsam am Anliegen des Coachees zu arbeiten und ihn anzuregen, eigene Lösungen wahrzunehmen oder zu entwickeln, ist es hilfreich, wenn ein Coach die Feedbackregeln beherrscht.

Konstruktives Feedback hat zum Ziel, Wahrnehmungen und Einschätzungen offen zu legen und Einstellungen zum Stand und zum Fortschreiten eines Prozesses auszutauschen. Es bezieht sich auf einen vergangenen Zeitabschnitt oder eine aktuelle Situation und bezieht ebenso das zukünftige Verhalten mit ein, wenn es um Veränderungsabsichten geht. Feedback sollte möglichst immer einen Anteil Bestätigung und Lob beinhalten. Ein offenes und ehrliches Feedback verlangt jedoch auch die klare und eindeutige Benennung von momentanen Leistungsgrenzen und eventuellen Defiziten. Feedback ist dann konstruktiv, wenn es respektvoll und sachlich geäußert wird, konkrete Verbesserungshinweise an die Beteiligten enthält und ihnen damit zusätzliche Verhaltensmöglichkeiten aufzeigt. Feedback soll die Zuversicht hinterlassen, dass die anstehenden Änderungen zu realisieren sind und dass die volle Unterstützung der Person, die das Feedback gibt, gewährleistet ist. Eine ehrliche und konstruktive Rückmeldung ist das Wertvollste, was Coach und Coachee sich gegenseitig geben können.

Konkrete Verbesserungshinweise

Neun Vorschläge für ein konstruktives Feedback

1. Trennen Sie möglichst Aussagen über das Verhalten von Aussagen über Eigenschaften einer Person. Zum Beispiel: Wenn der Coachee sagt, er möchte eine geregelte Arbeitszeit, melden Sie ihm nicht zurück, dass er nicht flexibel ist, sondern lassen Sie sich erläutern, was er unter geregelter Arbeitszeit versteht (Frage nach Werten), und klären Sie die Bedürfnisse, die hinter dieser Aussage stehen. Sie vermeiden so persönliche Verletzungen und erhöhen die Wahrscheinlichkeit, dass Ihr Feedback akzeptiert wird.
2. Handeln Sie aus einem ausgeglichenen emotionalen Zustand heraus. So bleiben Sie sachlich und vermeiden heftige eigene und fremde Reaktionen. Im Coaching bedeutet das: Wenn der Coach eine zu starke emotionale Beteiligung seinerseits bemerkt, sollte er sofort einen dissoziierten Zustand einnehmen (zum Beispiel andere Sitzhaltung).
3. Benutzen Sie für Ihre Aussagen konkrete Beispiele des zur Diskussion stehenden Verhaltens oder der zu kritisierenden Einstellung. Ziehen Sie immer Datenmaterial zur Fundierung Ihres Feedbacks heran.
4. Drücken Sie sich einfach, klar und verständlich aus. Wenn Sie etwas noch nicht genau verstehen, fragen Sie gezielt nach, bevor Sie Ihre Meinung abgeben.
5. Machen Sie deutlich, aus wessen Perspektive Ihr Feedback erfolgt.
6. Benutzen Sie für Ihr ganz persönliches Feedback stets die Ich-Form (zum Beispiel ich denke, ich glaube, ich nehme wahr, ich empfinde …).
7. Seien Sie offen und ehrlich. Fragen Sie deshalb auch die Person, der Sie Feedback geben, nach ihrer Wahrnehmung und nach der Meinung zu Ihrem Feedback. So ermutigen Sie alle zu gegenseitiger Offenheit und Ehrlichkeit.
8. Überprüfen Sie Ihr eigenes Feedback anhand von Wahrnehmungen anderer beteiligter Personen (zum Beispiel Kollegen und Coachees).
9. Achten Sie darauf, dass Ihr Feedback für zukünftige Situationen nützlich wirken kann, indem Sie konkrete Kriterien für zieldienliches Verhalten und für die Erreichung neuer Fähigkeiten benennen.

Welche Kompetenzbereiche kann ich mit meinem Coachee erweitern?

Prüfung der unterschiedlichen Kompetenzen

Bevor ich die Kompetenzerweiterung mit dem Coachee bespreche, ist es wichtig, ihm alle unterschiedlichen Kompetenzen zu erläutern, um anschließend mit ihm zu klären, an welcher Kompetenz er arbeiten will. Kompetenzen unterliegen im Allgemeinen sowohl der Selbst- als auch der Fremdbewertung und schlüsseln sich folgendermaßen auf:

❖ **Fachliche Kompetenz** wird durch die Fähigkeit definiert, mit komplexen sachlichen Anforderungen anhand der in Ausbildungen erworbenen Kenntnisse umzugehen.
❖ **Methodische Kompetenz** zeugt von der Fähigkeit, nicht nur nach Anweisung Aufgaben zu erledigen, sondern sich systematisch, selbstständig und effizient in Sachverhalte einzuarbeiten, nach Lösungen zu suchen und sie zu testen, um schließlich zu einer tragfähigen Entscheidung zu gelangen.
❖ **Persönliche Kompetenz** zeigt sich durch Eigenschaften wie Engagement, Zuverlässigkeit und die Zielstrebigkeit, Aufgaben zu optimieren.
❖ **Soziale Kompetenz** ist die Fähigkeit, mit sozialen Zusammenhängen, Prozessen und den Personen des Umfeldes angemessen umzugehen.

Fallbeispiel: Arbeit an der sozialen Kompetenz

Als Fallbeispiel für eine Erweiterung der sozialen Kompetenz möchte ich Ihnen Herrn Carl vorstellen, der Inhaber und gleichzeitig Geschäftsführer eines Supermarkts ist. Er kam zur mir in ein Einzelcoaching, weil er das Gefühl hatte, dass seine Mitarbeiter ihn nicht verstehen. Wie er berichtete,

Problem in der Kommunikation mit Mitarbeitern

bestand sein Hauptproblem in der gestörten Kommunikation mit seinen Mitarbeitern, die sich vor allem in der hohen Fluktuation im Supermarkt zeigte. Als Ziel für das Coaching wurde herausgearbeitet: »*Durch meinen Führungsstil fühlen sich meine Mitarbeiter motiviert, meine Vorgaben umzusetzen.*«
Ich zeigte Herrn Carl, wie er seine Kommunikationsbeziehungen von einer Beobachtungsebene betrachten kann und so zu einer Neubewertung seiner festgefahrenen Verhaltensmuster kommt. Im Verlauf unserer Sitzungen formulierte Herr Carl folgende Fragen:

- ❖ »Wie bringe ich meinen Mitarbeitern meine Firmenphilosophie näher?«
- ❖ »Bin ich zu schnell im Denken und sind meine Anforderungen zu hoch?«
- ❖ »Bin ich zu unkonkret?«
- ❖ »Setze ich zu viel voraus?«
- ❖ »Warum blocken meine Mitarbeiter ab?«
- ❖ »Warum ist es so schwierig zu verstehen, was ich will?«

Aus diesen Fragen entwickelte Herr Carl sein Anliegen: »*Ich möchte, dass ich mich meinen Mitarbeitern gegenüber so ausdrücken kann, dass ich von ihnen verstanden und akzeptiert werde und sie meine Anforderungen umsetzen.*« *Anliegen entwickeln*

Ich fragte Herrn Carl nach seiner Meinung über seine Mitarbeiter. Er antwortete: »Meine Mitarbeiter sind bequem und selbstzufrieden, haben keinen eigenen Antrieb, besitzen keine Kreativität, wollen die Kunden erziehen, fühlen sich von den Kunden schlecht behandelt und sind durch ihre jeweilige Erziehung, ihr Elternhaus und ihre Ausbildung so festgelegt, dass Veränderungen bei ihnen fast aussichtslos sind.«

Seine Erwartungen an die Mitarbeiter lauteten: Kreativität, Selbstständigkeit und Mitdenken. *Erwartungen klären*

Auf entsprechende Nachfragen erkannte Herr Carl den offensichtlichen Widerspruch zwischen seinen Erwartungen an seine Mitarbeiter und seiner Meinung über sie. Als Hauptursache für dieses Auseinanderklaffen sah er Fehler bei der Personaleinstellung an, die darauf beruhten, dass er seine Firmenphilosophie (»Wir sind ein junges dynamisches Dienstleistungsunternehmen, dass den Kunden zum König macht«) nicht genügend betonte.

Sein einziger Ausweg, von vornherein qualifizierteres, aber damit auch teureres Personal einzustellen, war aufgrund fehlender finanzieller Möglichkeiten unrealistisch. Also konnte die Lösung nicht im Austausch der Angestellten liegen, sondern musste in der Verbesserung des Kommunikationsprozesses gefunden werden.

Als erste Intervention wählte ich den nachfolgenden Fragebogen zur Selbsteinschätzung, um den Ist-Zustand von Herrn Carls Führungskompetenzen zu ermitteln. *Intervention wählen*

Fragebogen zur Selbstbewertung

Sind Sie fähig, Vorgänge nach Ursache und Wirkung zu untersuchen? (Hier können Sie Ihre Fähigkeiten zu analytischem und abstraktem Denken einschätzen.)

❑ Immer ❑ oft ❑ manchmal ❑ selten ❑ nie

Diskutieren Sie Ihre Anordnungen mit Ihren Mitarbeitern? (Hier können Sie Ihre Konfliktfähigkeit und die Fähigkeit zur Selbstkritik einschätzen.)

❑ Immer ❑ oft ❑ manchmal ❑ selten ❑ nie

Können Sie jederzeit feststellen, welche Arbeiten Ihre Mitarbeiter gerade ausführen? (Hier können Sie Ihre Organisationsfähigkeiten einschätzen.)

❑ Ja ❑ manchmal ja ❑ manchmal nein ❑ nein

Werden Sie von den Kunden/Mitarbeitern ohne viele Worte verstanden?
(Hier können Sie Ihre Fähigkeit zu deutlichen Formulierungen einschätzen.)

❑ Ja ❑ eher ja ❑ eher nein ❑ nein

Führen Sie Ihre Mitarbeiter eher kooperativ?
(Hier können Sie Rückschlüsse auf Ihren Führungsstil ziehen.)

❑ Ja ❑ eher ja ❑ eher nein ❑ nein

Haben Sie ein Gespür für Visionen? (Führungsstil)

❑ Ja ❑ eher ja ❑ eher nein ❑ nein

Geben Sie lediglich Ziele vor? (Führungsstil)

❑ Ja ❑ eher ja ❑ eher nein ❑ nein

Geben Sie zu den Zielen auch Anregungen zu deren Erreichung vor?
(Führungsstil)

❑ Ja ❑ eher ja ❑ eher nein ❑ nein

Locken Sie zum Erreichen eines Zieles mit einer Belohnung? (Führungsstil)

❑ Ja ❑ eher ja ❑ eher nein ❑ nein

Greifen Sie nur ein, wenn Ihre Zielvorgaben nicht erreicht werden? (Führungsstil)

❑ Ja   ❑ eher ja   ❑ eher nein   ❑ nein

Führen Sie nach dem Motto: »Jeder weiß, was zu tun ist.«? (Führungsstil)

❑ Ja   ❑ eher ja   ❑ eher nein   ❑ nein

Machen Sie (auch) Fehler? (Hier können Sie Ihre Fähigkeit zur Selbstreflexion einschätzen.)

❑ Ja   ❑ manchmal   ❑ selten   ❑ nein

Sind Sie kritikfähig? (Hier können sie Ihre Kritikfähigkeit einschätzen.)

❑ Immer   ❑ oft   ❑ manchmal   ❑ selten   ❑ nie

Machen Sie Ihre Arbeit als Geschäftsführer gern? (Hier können Sie Ihre Motivation einschätzen.)

❑ Immer   ❑ oft   ❑ manchmal   ❑ selten   ❑ nie

Loben Sie Ihre Mitarbeiter vor allen anderen? (Hier können Sie Rückschlüsse auf die Qualität Ihrer Mitarbeiterführung ziehen.)

❑ Immer   ❑ oft   ❑ manchmal   ❑ selten   ❑ nie

Zeigen Sie gelegentlich auch mal Emotionen (zum Beispiel Ärger), die zu Konflikten führen können? (Hier können Sie Ihre Konfliktfähigkeit einschätzen.)

❑ Ja   ❑ manchmal   ❑ selten   ❑ nein

Die Auswertung dieses Fragebogens bei Herrn Carl lieferte folgende Aussage: »*Aufgrund meiner guten Fähigkeiten zum abstrakten Denken und meinem Gespür für Visionen gebe ich Ziele vor, diskutiere sie oft mit meinen Mitarbeitern, werde aber nicht von ihnen verstanden. Ich bin kritikfähig, mache selbst auch Fehler, lobe aber selten.*«

Auswertung der Selbsteinschätzung

Wir erarbeiteten anschließend ein Soziogramm, in dem Herr Carl die sozialen Beziehungen und seine Kommunikation mit seinen wichtigsten Mitarbeitern aus seiner Sicht, aus der Sicht der Personen untereinander sowie aus der Sicht dieser Personen zu ihm (wie er es sah) einschätzen sollte.

Mit großem Erstaunen stellten wir fest, dass die Kommunikationsbeziehungen auf allen drei Bewertungsebenen von ihm fast ausnahmslos mit sehr gut beziehungsweise störungsfrei bezeichnet wurden. Ich hatte also die Aufgabe, diesen verblüffenden Widerspruch zu lösen, der darin bestand, dass er sich nicht verstanden fühlte, aber gleichzeitig keinerlei Kommunikationsstörungen zwischen sich und seinen Mitarbeitern feststellen konnte.

Die Zielstellung der beiden nächsten Treffen bestand darin herauszufinden, welche neuen Erkenntnisse Herr Carl durch eine dissoziierte Betrachtungsweise des erarbeiteten Soziogramms gewinnen konnte. Konkret hieß das für Herrn Carl, dass er versuchen sollte, die Situation noch einmal aus verschiedenen Perspektiven, also aus seiner eigenen und der seiner Mitarbeiter zu betrachten. Dies wollte ich durch die Arbeit mit Metaphern unterstützen. Daher gab ich Herrn Carl folgende Aufgabe: »*Stellen Sie sich vor, alle von Ihnen im Soziogramm genannten Personen sind Tiere in einem Zoo. Verwandeln Sie jede Person, auch sich selbst, in ein Tier, das Ihrer Meinung nach eine ähnliche Eigenschaftsstruktur wie die Person aufweist.*«

Arbeit mit Metaphern

Herr Carl fand diese Aufgabe äußerst interessant und verglich seine Mitarbeiter mit folgenden Tieren: Katze, Lama, Berner Sennenhund, Falke, Schwan, Koalabär, Pferd und sich selbst mit einem Fuchs. Im nächsten Schritt bat ich ihn, sich in diesem Zoo nicht als Fuchs, sondern als Zoodirektor zu fühlen: »*Was müssen Sie als guter Zoodirektor beachten und können, wenn Sie für alle Tierarten gute Lebensbedingungen schaffen wollen, und welche speziellen Anforderungen betreffen Ihre kommunikativen Fähigkeiten?*«

Wir arbeiteten heraus, dass er als Zoodirektor die jeweils unterschiedlichen Lebensgewohnheiten der Tiere kennen und spezifische Bedingungen auf allen Ebenen berücksichtigen müsse. Insbesondere wäre es gut, wenn er die verschiedenen »Tiersprachen« sprechen und verstehen könne. Als ich Herrn Carl aufforderte, doch alle genannten Tiere einmal artspezifisch anzulocken und zu rufen, wurde die Sitzung ausgesprochen heiter.

Die nächste Aufgabenstellung diente dazu, mit Herrn Carl einen Transfer seiner Ergebnisse speziell für seinen Supermarkt zu erarbeiten. Ich wollte nun, dass Herr Carl alle Tiere wieder in seine Mitarbeiter zurückverwandelte. Mit strahlenden Augen sprudelten jetzt seine neuen Erkenntnisse aus ihm heraus: *»Es gibt keine Menschensprache, die alle verstehen, genau so wie es keine Tiersprache für alle gibt.«, »Meine Chance, besser verstanden zu werden, besteht darin, die Sprache meiner Mitarbeiter zu lernen.«, »Ich spreche immer dann die richtige Sprache, wenn ich verstanden werde.«, »Die Mitarbeiter müssen mich als Person nicht verstehen, aber meine Vorgaben müssen verstanden werden. Die Pflicht der Anpassung liegt bei mir, da ich mir die Umsetzung meiner Vorgaben wünsche.«, »Ich spreche viele Sprachen und versuche deshalb im ersten Schritt zu erfahren, welche Sprache meine Mitarbeiter sprechen.«*

In den folgenden Sitzungen konnte Herr Carl trotz einiger Rückschläge – es kam beispielsweise wieder zu einer Entlassung – von positiven Erfahrungen mit seinen neuen Einsichten berichten. Er fand heraus, dass er eine enge Vertrauensperson im Supermarkt brauchte, der er in Personalangelegenheiten »blind« vertraut und die seine Vorgaben weiterleitet.   *Transfersicherung*

Kapitel 4
Die Prozessphase

Interventionsmethoden

Nachdem Sie in der Vorphase und bei der Auftragsklärung die Eckpfeiler für das systemische Coaching gesetzt haben, ist der nächste Schritt die Prozessphase. In meiner Praxis setze ich in diesem Stadium bevorzugt drei Interventionsmethoden ein, die ich an verschiedenen Stellen schon angesprochen habe, die ich Ihnen aber im Folgenden konkreter vorstellen werde:

❖ Systemische Coachingmethoden nach dem prozessorientierten Ansatz.
❖ Systemische Coachingmethoden nach dem lösungsorientierten Ansatz.
❖ Systemische Coachingmethoden nach dem NLP.

Ich möchte an dieser Stelle betonen, dass diese klare Aufteilung und Trennung rein theoretisch ist und keineswegs die Praxis widerspiegelt, da ich je nach Auftrag, Kontext, Persönlichkeit und Problemlage des Coachees die Methoden immer wieder wechsele. In meinen Augen ist es gerade die Methodenvielfalt, die die Angemessenheit und Einzigartigkeit des systemischen Coachings ausmacht.

Für jede Art von Prozess die richtige Methode
Während sich der prozessorientierte Ansatz besonders dazu eignet, Unausgesprochenes zu erkennen und es später in Ressourcen umzuwandeln, lenkt der lösungsorientierte Ansatz von Anfang an seine Aufmerksamkeit auf die Lösung. Der Klärungs- und Sortierungsprozess, der mit dem NLP in Gang gesetzt wird, zielt auf einen angemessenen Kommunikationsstil beziehungsweise eine Erweiterung des Verhaltensrepertoires des Coachees ab. Um diesen Sortierungsprozess vorzunehmen, bedarf es der gezielten Wahrnehmung durch den Coach.

Die nachfolgenden Begriffserläuterungen von Physiologie und assoziiertem beziehungsweise dissoziiertem Erleben dienen der Beschreibung unterschiedlicher Zustände, die Sie schon im Vorfeld beachten sollten.

❖ **Physiologie:** Die Physiologie bezeichnet den momentanen Gesamtzustand eines Menschen. Dazu gehört sowohl sein inneres Erleben, als auch sein äußeres Verhalten. Wenn sich die Physiologie verändert, können Sie das an folgenden Signalen wahrnehmen: Gesichtsausdruck, Körperhaltung, Augenbewegungen, Atmung, Tonalität usw.

❖ **Assoziiertes und dissoziiertes Erleben:** Assoziiert bedeutet »mitten im Erleben«, dissoziiert »von außen wahrnehmen«. Zwischen diesen beiden Erlebensweisen existieren beträchtliche Unterschiede. Dissoziiertes Erleben beschränkt sich meist auf Sehen und Hören, während sich zum assoziierten Zustand die Dimension des gefühlsmäßigen Erlebens hinzugesellt. Jede Erlebensweise liefert daher unterschiedliche Informationen.

Mitten im Erleben/von außen wahrnehmen

Wir können jedoch nicht nur uns selbst assoziiert erleben, sondern sind in der Lage, uns auch in andere Menschen mit all den dazugehörigen Gefühlen hineinzuversetzen. Diese Fähigkeit wird auch als Empathie bezeichnet.

Übung: Assoziiertes und dissoziiertes Erleben

Dissoziiert: Stellen Sie sich vor, Sie stehen auf einem Rummelplatz in einiger Entfernung von einer Achterbahn. Sie sehen die Menschen, die in ihren Wagen durch die Kurven und Loopings sausen, und vielleicht hören Sie etwas von ihrem Kreischen und Jauchzen.

Assoziiert: Stellen Sie sich vor, Sie selbst säßen in der Achterbahn, die sich gerade in atemberaubendem Tempo nach oben bewegt und jetzt plötzlich nach unten abfällt, was ein eigenartiges Gefühl in der Magengegend aufkommen lässt.

Systemische Coaching-Methoden nach dem prozessorientierten Ansatz

> »Lernen Sie, groß zu empfinden!«
> *(Christian Morgenstern)*

Oft stellt sich beim Coaching heraus, dass der Prozess nicht so verläuft wie beabsichtigt. Es bilden sich zwei parallel laufende Stränge – der eine ist bewusst und beabsichtigt (bei Arnold Mindell »primärer Prozess« genannt), der zweite geschieht einfach und ist nicht beabsichtigt (»sekundärer Prozess«). Hier bahnt sich das Unbewusste seinen Weg, und es kann gut sein, dass sich das eigentlich Entscheidende in einem Beratungsprozess hier abspielt. Die Kernpunkte werden in der Sprache des Unbewussten ausgedrückt.

Um es konkreter zu machen, stellen Sie sich folgende Situation vor: Ich arbeite mit einem Coachee an den »KRAFT«-Zielen. Der Coachee stockt bei dem »F«, wo es um seine Fähigkeiten geht. Es gelingt ihm nicht, seine Fähigkeiten zur Zielsetzung aufzuschreiben und sich damit festzulegen. Offensichtlich gibt es an dieser Stelle einen wichtigen Aspekt, der vorher im Prozess noch nicht deutlich wurde.

Mir – als Coach – wird dadurch klar, dass es wichtig ist, diesen Aspekt zu finden, um ihn dann als Schlüssel für den weiteren Prozessverlauf zu nutzen. An dieser Stelle teilc ich dem Coachee meine Wahrnehmung mit und erkläre ihm die Bedeutung des Unausgesprochenen. Durch meine Transparenz wird auch dem Coachee das unausgesprochene Signal bewusst. Er ist verwundert und hat noch keine Erklärung für seinen Widerstand beim Aufschreiben seiner Fähigkeiten.

Ich bitte den Coachee, einige Schweigeminuten einzulegen, um das eben Geschehene noch einmal intensiv auf allen Sinneskanälen wahrzunehmen. Der Coachee ist sehr betroffen: »Wenn sich zeigt, dass ich nicht genügend Fähigkeiten und Ressourcen besitze, bedeutet das, dass ich mein Ziel nicht erreiche und somit nicht der richtige Mann in der richtigen Funktion bin.«

In dieser Situation ist es wichtig, nach den Auswirkungen zu fragen. Meist sind es existenzielle Ängste und die Furcht mit einem Positionswechsel in der Firma auch die berufliche Identität zu verlieren.

In jedem Prozess mischen sich primäre und sekundäre Anteile, genauso wie Bewusstsein und Unbewusstes miteinander verzahnt sind. Darum ist es völlig normal, dass im genannten Beispiel die große Sorge um den Identitätsverlust das eigentliche Thema des Coachings ist. Jede weitere Arbeit an den »KRAFT«-Zielen wäre zu diesem Zeitpunkt umsonst, da zuerst die Angst aufgelöst werden muss.

Der richtige Zeitpunkt

Während zum Beispiel bewusst und öffentlich Aussagen gemacht werden wie: »Wir sind von Anfang an erfolgreich«, sagt eine kleine Stimme von irgendwo her: »Wir haben Angst vor der Pleite.« Oder die Aussage: »Wir haben ein starkes Produkt« wird ergänzt durch: »Wir sind nicht gut genug.« Beide Seiten, meist Extreme, existieren nebeneinander und sind nicht durch ein entweder/oder voneinander getrennt – denn die gesunde Ergänzung besteht in der Einsicht, dass alles zwei Seiten hat und auch die Schattenseite zum Ganzen gehört.

> Der Sekundärbereich ist der emotionale Bereich jenseits der Zielorientierung, denn Ziele werden bewusst gesetzt und mit dem Willen angestrebt. Daher sind sie von ihrer Definition her »primär«. Der Auftrag richtet sich an den Primärbereich, an das Bewusstsein und den Willen, während aus den sekundären Schattenbereichen geantwortet wird.

Manchmal gerät der Coach selbst während der Beratung in Verwirrung, weil er die Signale aus dem Sekundärbereich nicht direkt erkennt. In solchen Konstellationen hilft es, die eigene Verwirrung als Signal anzunehmen und als Beispiel für das Ineinanderwirken von primären und sekundären Prozessen zu nutzen. Der Coach muss seine eigenen Gefühle und seine damit verbundene Wahrnehmung kennen, um sie im Coachingprozess interpretieren zu können.

Darum erkläre ich dem Coachee, dass alles, was im Moment mit ihm oder mir passiert, eine Bedeutung haben kann. Aus diesem Grund spreche ich auch über meine Körpersignale und damit verbundene Impulse, da durch die Bewusstheit des Geschehens wiederum neue Informationen gewonnen werden können. Die eigene Zustandsbeschreibung – zum Beispiel die Verwirrung des Coachs – wird durch die Transparenz hilfreich für die Analyse des Prozesses.

Die Zustandsbeschreibung vom Coach kann hilfreich zur Prozessanalyse sein

Wenn ich also meinem Coachee mitteile, dass ich gerade durch seine Äußerungen und die Wahrnehmung seiner Reaktionen verwirrt bin und im Moment nicht eindeutig einschätzen kann, wo die Verwirrung her kommt, bitte ich ihn um Unterstützung. Ich frage ihn, ob er mit diesem Signal etwas anfangen kann und ob er daraus Informationen für den Prozess nutzen kann.

Bei dieser Intervention habe ich immer eine sehr hohe Trefferquote. Der Coachee nimmt diese Rückmeldung dankbar auf und reflektiert mit diesem Impuls noch einmal den Prozess. Dadurch tritt eine Prozessverlangsamung ein, und es gelangen Informationen aus dem Schattenbereich, die vorher nicht bewusst waren, in den Primärbereich.

Austausch von Signalen

Dieser Austausch von Signalen im Coaching ist für viele Coachs ungewohnt. Ohne tiefere Kenntnis der Prozessarbeit nach Mindell möchte ich auch davon abraten, damit zu arbeiten. Eine wichtige Basis für die angewandte Prozessarbeit sind genaue Kenntnisse über den Zusammenhang und die Auswirkungen dieser Methode. Ohne dieses Wissen können beim Coach schnell Unsicherheiten auftreten, die für den Coachee nicht unterstützend wirken.

> Die Doppelbödigkeit und Brüchigkeit, die im öffentlichen Auftreten so oft vermieden wird, kann hier also als Zeichen einer besonderen Wahrhaftigkeit gedeutet werden, weil die angestrebte Kongruenz, also die Stimmigkeit, durch eine konstruktive Inkongruenz ersetzt wird.

Inkongruenz ist dann konstruktiv, wenn sie nicht als End- und Dauerzustand zur Gewohnheit wird, sondern zu immer neuen Bemühungen um eine Übereinstimmung zwischen bewussten und unbewussten Anteilen herausfordert. Diese schillernde Vielfalt ist auch für den Ratsuchenden eine Anregung, ebenfalls immer wieder nach neuen Bildern und einem neuen Sinn zu suchen.

Um Ihnen den Prozess zu verdeutlichen, möchte ich Ihnen in dem folgenden Auszug eine Sequenz beschreiben, in der ich zusammen mit Herrn Beier, (s. S. 67), den Primär- und den Sekundärbereich erarbeitet habe.

Fallbeispiel: Arbeit am Primär- und Sekundärbereich

Vielleicht erinnern Sie sich an den etwa 45-jährigen Geschäftsführer, der mit den neuen Inhabern seines Unternehmens Probleme hatte. Herr Beier kam mit dem Ziel zu mir, einerseits für die veränderte Situation Energie zu sammeln und sich andererseits auf seinen beruflichen Wechsel vorzubereiten.

In einer Coaching-Sitzung bat ich Herrn Beier, mir den Stand seiner momentanen Situation im Unternehmen noch einmal zu beschreiben. Während er sprach, achtete ich genau auf seine Körpersprache. Herr Beier erzählte, dass es im Moment fast unerträglich für ihn sei, dass wichtige Besprechungen ohne ihn ablaufen, er bestimmte Informationen als letzter bekäme, obwohl er derjenige sei, der sie dann umsetzen und weiterleiten müsse. Das Klima im Unternehmen sei im Moment für ihn kaum zu ertragen.

Ich fragte Herrn Beier, ob es möglich sei, dass er in dieser Situation überreagiere, weil er im Moment unter großem Stress und emotionalem Druck leide. Diese Fragen stellte ich mit der Absicht, Herrn Beier auch für eigene Anteile in diesem Konflikt zu sensibilisieren und damit die Verantwortung für das Geschehen nicht vollständig nach außen zu verlagern. Gleichzeitig wollte ich ihm seine Lernfähigkeit spiegeln und ihm Zugang zu seinen Körpersignalen ermöglichen.

Zugang zu Körpersignalen ermöglichen

Für den Zugang zu den Körpersignalen stellte ich ihm nach jeder Schilderung die Frage, wie er sich und seinen Körper dabei wahrgenommen hatte und welche körperlichen Symptome er jetzt in Stresssituationen bei sich wahrnahm. Herr Beier berichtete über deutliche körperliche Symptome: In Stresssituationen gelang es ihm nicht frei durchzuatmen. Seine Atmung ging nur bis zum Brustbereich. Sie war sehr flach und kurz und ließ ihn deutliches Unbehagen und Druck empfinden.

Ich fragte ihn, was seine Atembeschwerden und sein Druckempfinden ausdrücken wollten und ob es auch positive Anteile daran gäbe. Herr Beier veränderte seinen Gesichtsausdruck. Er wurde nachdenklich.

Positive Absicht erfragen

Auf die erste Frage antwortete er: »Sicher sollen das Zeichen sein, dass ich besser auf mich achten muss und mir nicht zu viel zumute, sondern stattdessen Veränderungen vornehme.« Zur zweiten Frage sagte er: »Wenn ich diese Kurzatmung nicht hätte, dann würde ich jetzt vielleicht immer noch in meinem ersten Job sein und hätte keine Veränderung in meinem Leben. Alles im Leben ist wohl zu irgendetwas gut. Ich glaube, das ist ein positiver Teil.«

Mit diesen Informationen hatten wir herausgearbeitet, dass seine Atembeschwerden das Frühwarnsystem seines Körpers sind – eine sehr wichtige Erkenntnis für Herrn Beier.

Informationen herausarbeiten

Um verschiedene Situationen und die dazugehörigen Körperempfindungen miteinander vergleichen zu können, ließ ich mir im Detail seine Körperempfindungen schildern, wenn er sich in einem Ressourcezustand befindet. Auch dafür hatte er Referenzbeispiele zu Situationen, in denen es ihm sehr gut ging. Herr Beier beschrieb in dieser Situation ein freies Durchatmen, das er durch den ganzen Körper spüren konnte. Weiterhin beschrieb er, dass dieses freie Durchatmen eine Leichtigkeit für ihn spürbar mache, er sich dadurch leistungsfähiger fühle, und dass er in diesem Zustand munter und aktiv sei. Seine Beschreibung ging von dem Problemzustand: zu eng, zu kurz in der Atmung – zum Ressourcezustand: durchfließende Atmung, leichte Atmung, Leichtigkeit. Damit war der erste Schritt im kinästhetischen Kanal für die Veränderung eingeleitet.

Mein zweiter Schritt im Coaching war, eine inhaltliche Veränderung über den visuellen Kanal mit Herrn Beier vorzunehmen, um ihm eine Brücke vom Problemzustand zum Ressourcezustand zu bauen. Da Herr Beier seinen beruflichen Wechsel aus strategischen Gründen nicht beschleunigen konnte, ließ ich ihn einige Beispiele entwerfen, wie eine Zukunftsvision für ihn aussehen könnte.

Durch Kanalwechsel vom Problemzustand in den Ressourcezustand

Anschließend lenkte ich meine Aufmerksamkeit in den auditiven Kanal. Als Herr Beier drei verschiedene Varianten beschrieb, benutzte er immer wieder das Wort »Überbrückung«. Mir fiel bei der genaueren Wahrnehmung auf, dass Herr Beier bei diesem Wort seinen Zustand veränderte: Er wurde blass, die Atmung flach. Diese Beobachtungen spiegelte ich ihm wider, und Herr Beier stellte fest, dass der Ausdruck »Überbrückung« nicht positiv bei ihm besetzt war. Ich bat ihn ein anderes Wort dafür zu suchen, und nach einigem Überlegen entschied er sich für »Zwischenlösung«. Dieses kleine Wortspiel bewirkte eine enorme Zustandsveränderung bei ihm. Er wurde fröhlicher und war stolz darauf, eine Zwischenlösung für diesen Prozess gefunden zu haben. Damit war der zweite Schritt, die inhaltliche Änderung, vollzogen.

Auswirkungen

Warum Herr Beier gerade durch dieses Wortspiel eine Zustandsveränderung vollzogen hat, ist an dieser Stelle nicht wichtig. Für mich wichtig sind nur Auswirkungen, die eine Veränderung in seinem Erleben erzeugen und damit seine Handlungsfähigkeit erhöhen.

Es folgt nun ein Überblick für den Primär- und den Sekundärbereich. Dem **Primärbereich** lassen sich die folgenden Informationen zuordnen:

❖ Herr Beier war noch Geschäftsführer des Unternehmens.
❖ Er hatte ein Team, das hinter ihm stand. Seine Mitarbeiter äußerten ihre Solidarität und Zufriedenheit mit Herrn Beiers Führungsstil. Sie boten für den Fall einen Wechsels an, ihm zu folgen.
❖ Und es gab die neuen Inhaber, mit denen er starke Beziehungsstörungen erlebte.

Im **Sekundärbereich** spürte Herr Beier seit einigen Monaten starke Müdigkeit, Kopfschmerzen und ein Gefühl der Resignation und der Erschöpfung. Im Sekundärbereich entstand also eine immer größere Ratlosigkeit bei Herrn Beier. Er wusste nicht, in welche Richtung er sich weiterbewegen sollte. Daher war es an dieser Stelle wichtig, mit ihm die neue berufliche Richtung zu klären.

> Wir erarbeiteten im Detail seine drei Zukunftsvisionen, und er bekam die Aufgabe, die Machbarkeit dieser Visionen zu prüfen und ihr Pro und Contra herauszuarbeiten. Im Laufe seiner Überlegungen wurde deutlich, dass sich nur eine der drei Visionen weiterentwickeln ließ.

Diese Klarheit war wichtig, denn Herr Beier wusste nun, wie der nächste Schritt in seinem beruflichen Wechsel aussehen würde. Er wechselte aus dem Sekundärbereich in den Primärbereich, indem er seine vagen Gefühle in bewusste, klare Zuordnungen überführte. Durch diesen Erkenntnisprozess fand Herr Beier zu seiner alten Handlungsfähigkeit zurück.

Prozessmoderation nach Mindell und Gruppencoaching

Prozessorientierte Coachingmethoden für Gruppen stützen sich insbesondere auf die Prozessmoderation nach Mindell. Die Prozessmoderation richtet ihre primäre Aufmerksamkeit auf all das, was durch direkte Kommunikation und als offizielle Regeln und Ziele im Gruppencoaching oder in Trainings offen geäußert wird. Ihre sekundäre Aufmerksamkeit gilt dem »Traumprozess« und den ungewöhnlichen Informationen, die nicht mit dem Fluss der beabsichtigten Kommunikation im Zusammenhang stehen. Sie beachtet insbesondere den Bereich jenseits der Zielorientierung wie beispielsweise die Kommunikation in der Weinstube. Auch beim Gruppencoaching werden die wichtigsten Gespräche oft in den Pausen oder in der Kneipe geführt.

Gespräche in den Pausen

Da bei der Prozessmoderation nicht nur die formellen und offiziellen Verlautbarungen, sondern auch die heimlichen Spielregeln und verborgenen Blockaden in den Coachingprozess eingearbeitet werden, ist es bei dieser Methode für den Coach sehr wichtig, diese beiden verschiedenen Prozesse wahrzunehmen und zu unterscheiden.

Um **Primär- und Sekundärprozesse** besser erkennen und auseinander halten zu können, sollte der Coach Folgendes wissen: Über die sekundären Prozesse werden Signale ausgesendet, die Hinweise darauf geben, dass ein Individuum oder eine Gruppe sich nicht mit seinem beziehungsweise ihrem Verhalten oder einer bestimmten Weltanschauung identifizieren kann. Diese Signale sind Doppelsignale.

Mit dem Begriff »**Doppelsignal**« wird eine Information bezeichnet, deren Inhalt nicht den Absichten des bewussten Prozesses entspricht. Wenn beispielsweise jemand in sichtlich erregtem Zustand sagt: »*Ich bin überhaupt nicht wütend!*«, dann stammt die Aussage aus dem Primärbereich, doch die Erregung, die sich über Stimme, Atmung und Hautfarbe äußert, sendet Signale der Wut aus dem Sekundärbereich. Hier vermitteln die Signale des Primärprozesses und des Sekundärprozesses unterschiedliche, sich widersprechende Botschaften. Üblicherweise verwirrt sich die Kommunikation dadurch, denn das gleichzeitige Vorhandensein von verschiedenen Botschaften irritiert. Diese Irritation wird häufig wie ein Nebel wahrgenommen. Regungs- und Sprachlosigkeit in der Gruppe sind die Folgen.

Sich widersprechende Botschaften

Wenn der Kommunikationsfluss dagegen keine sich widersprechenden Signale enthält, ist er kongruent. Kongruenz ist aber kein Dauerzustand, sondern nur eine Phase in einem sich ständig ändernden und fließenden Lebensprozess. Auch Konsens, also Einigkeit und Übereinstimmung innerhalb einer Gruppe ist kein absoluter Wert, sondern nur ein vorübergehender Zustand, den jede Gruppe immer wieder braucht und sucht. Es ist unmöglich und nicht wünschenswert, um jeden Preis einen Konsens zu finden, während das Coaching noch läuft. Die Dynamik im Prozess würde damit zum Erliegen kommen.

Wie das nächste Fallbeispiel zeigt, weisen Doppelsignale von Einzelnen in der Gruppe darauf hin, dass erst eine Grenze überschritten werden muss, um aus dem Sekundärbereich in den Primärbereich zu gelangen. Erst das Überschreiten dieser Grenze erlaubt es der Gruppe, sich mit dem sekundären Prozess zu identifizieren, in dem sie steckt. Die Verwirrung, die sich in der Gruppe breit macht, wenn Primär- und Sekundärprozesse von innen oder außen aufgezeigt werden, ist ein Indiz dafür, dass die oben genannte Grenze erreicht worden ist. Um die dadurch entstehende Verwirrung aufzulösen und die Prozesse transparent zu machen, kann im Zuge der Prozessmoderation des Coachs beispielsweise das Tempo verlangsamt werden.

Im folgenden Beispiel supervidierte ich einen Coach, der bei mir eine Coaching-Ausbildung absolvierte. In diesem Rahmen stellte er sein Gruppencoaching vor und wir reflektierten es mit der Methode der Prozessarbeit.

Mein Auftrag für die Supervision war es, den Prozess noch einmal zu durchleuchten, um dadurch Transparenz in den Verlauf zu bringen und vor allem Phänomene aus dem Sekundärbereich zu markieren.

Die Aufgabe des Coachs war es, eine Projektgruppe aus einem mittelständischen Unternehmen zu unterstützen, die aus verschiedenen Mitarbeitern des Unternehmens eine neue Abteilung bilden sollte. Sein Coaching diente dem Kennenlernen der Mitarbeiter untereinander, die sich zum Teil noch nicht begegnet waren. Für die neue Abteilung war es wichtig, die Stärken aller Teilnehmer herauszufinden, um sie dann optimal für das Projekt einsetzen zu können.

Fallbeispiel: Prozessmoderation nach Mindell

Nachdem der Coach drei Tage lang an einem lösungsorientierten Ansatz gearbeitet und in der Gruppe eine aufgelockerte, angenehme Arbeitsatmosphäre geherrscht hatte, äußerten die Teilnehmer Zweifel: »Das ist ja alles ganz gut, aber …« und »Wenn wir dann keinen Coach mehr haben, stehen wir wieder an derselben Stelle, wo wir schon vor drei Tagen angefangen haben« und »Was nützen uns die neuen Ideen, wenn wir das nachher doch nicht umsetzen können.« Aus diesen unzufriedenen Bemerkungen erkannte er, dass die eigentlichen Themen offensichtlich noch nicht angesprochen worden waren. Diese Tatsache wurde aber nicht direkt geäußert, sondern machte sich im Sekundärbereich Luft. Aus diesem Grund entschied sich der Coach, einen Methodenwechsel vorzunehmen und mit der Prozessmoderation weiterzuarbeiten.

Um dieses Vorgehen vor der Gruppe transparent zu machen, erläuterte er in aller Ausführlichkeit den methodischen Ansatz der Prozessarbeit, deren Fokus vor allem auf das Problem gerichtet ist. Er machte deutlich, dass mit dem prozessorientierten Ansatz eventuell auch Aspekte von sehr belastenden, mit vielen Defiziterfahrungen einhergehenden Erlebnissen in der Arbeitsvergangenheit verknüpft sein konnten. Während er seine theoretischen Erläuterungen präsentierte, bemerkte er, dass die Stimmung im Raum kippte. Die Gruppe wurde still. Die Teilnehmer schauten ihn ernst an, Falten legten sich auf die Stirnen. Manche lehnten sich zurück und schienen zum Teil sogar geistesabwesend zu sein.

Prozessarbeit mit Fokus auf das Problem

Offenbar hatte er die Gruppe in eine Problemtrance versetzt, in der sich jeder seiner eigenen Probleme bewusst wurde. Plötzlich preschte eine Teilnehmerin vor: »Das habe ich jetzt alles nicht verstanden. Ich möchte, dass Sie das für unser nächstes Treffen noch einmal besser aufbereiten, damit ich es verstehe. Jetzt möchte ich erst einmal ein anderes Thema behandeln.« Im Raum entwickelte sich eine spürbare Spannung. Der Coach beschloss, eine Pause einzulegen, um über diesen Frontalangriff und das, was geschehen war, nachzudenken.

Ich fragte den Coach in der Supervision, was sich durch diese Intervention der Teilnehmerin für ihn verändert hatte. Der Coach berichtete, dass ihm dadurch sowohl seine Situation als auch die der Gruppe schlagartig klar geworden sei. Er hätte vorher das Gefühl gehabt, im Nebel zu stehen, sich zwar vorgetastet, aber noch nichts Konkretes wahrgenommen zu haben: »Ich hatte den Eindruck, es geschieht einfach etwas und ich habe keinen Einfluss darauf.«

Im Nebel stehen und nichts Konkretes wahrnehmen

Als ich ihn fragte, wie er heute darüber denke und welches Resümee er aus seinem Erleben gezogen habe, machte er deutlich, dass der Gruppenprozess durch die Intervention der Teilnehmerin vom Sekundärbereich in den Primärbereich übergetreten war, weil Wut, Ärger, Unverständnis nicht länger nur latent vorhanden waren, sondern offen ausgesprochen wurden.

Vom Sekundär- in den Primärbereich: Stimmungsumschlag

Auf meine Frage, was er in Zukunft anders machen wolle, äußerte er, dass er sofort auf eine veränderte Gruppenstimmung achten, das Wahrgenommene transparent machen und dementsprechend intervenieren wolle. Auf diese Weise hätte er gleich, als er den Stimmungsumschlag spürte, sagen können: »Ich habe das Gefühl, ich könnte eine Stecknadel fallen hören, so angespannt und nachdenklich nehme ich die Gruppe wahr. Aus diesem Grund schlage ich ein ›kurzes Blitzlicht‹ vor, bei dem jeder ein, zwei Sätze zu seinem momentanen Ist-Zustand formuliert.«

Zurück zur realen Situation: Durch die Pause löste sich die Starre auf, und es kam Bewegung in die Gruppe. Auch in ihm kam Bewegung auf und er begann, über dieses ›Sekundärphänomen‹ nachzudenken. Er ließ den gesamten Prozess noch einmal in Zeitlupe vor seinem geistigen Auge Revue passieren. Was genau war geschehen? Zuerst wurde ihm klar, dass er den veränderten Zustand der Gruppe nicht bewusst wahrgenommen hatte. Es traf ihn völlig unerwartet. Weiterhin fiel ihm auf, dass der Ursprung dieser Reaktion im krassen Wechsel zu einem völlig anderen Ansatz lag. Er hatte einen Methodenwechsel vorgenommen. Es fehlte ein Zwischenschritt. Dadurch war den Teilnehmern nicht klar, wozu dieser Wechsel gut war. Hätte er die wahrgenommenen Signale transparent und allen den momentanen Ist-Zustand bewusst gemacht, hätte er das weitere Vorgehen gut begründen können. Doch er war zu stark durch die Einwände der Teilnehmer abgelenkt und befand sich dadurch selbst in einem Problemfokus, der sich während seiner theoretischen Erläuterungen noch verstärkt hatte. Somit befanden sich sowohl der Coach als auch die Gruppe in einer Problemtrance. Durch diese Reflexion war ihm einiges deutlich geworden, aber wie sollte er jetzt damit umgehen? Ihm kam die Idee, der Gruppe seine neuen Erkenntnisse offen mitzuteilen. Das tat er dann auch. Er erzählte der Gruppe, dass nach seinem Erleben ein Zustandswechsel stattgefunden hatte, warum er zu Stande gekommen war und welche Schlussfolgerungen er in der Pause daraus gezogen hatte. Die Gruppe nahm seine Offenheit sehr wohl wollend und interessiert auf. Die Teilnehmer stellten weitere Fragen zum Gruppenprozess, und es entstand wieder eine gute Arbeitsatmosphäre. Er hatte den Eindruck, dass die Gruppe nach diesem Erlebnis enger zusammengerückt war.

Sein offenes Vorgehen ermutigte andere, ihre Wahrnehmungen zu schärfen und auch auszusprechen. Das Vertrauen war gewachsen. Jetzt konnten sogar Ängste und Zweifel geäußert werden, weil die Teilnehmer das Gefühl hatten, dass behutsam mit ihnen umgegangen wurde und nichts Schlimmes passieren würde. Dadurch kam es zu einer Verschiebung der Wahrnehmung vom sekundären in den primären Bereich. Unbewusste Themen konnten angesprochen werden und gelangten so in den bewussten Bereich.

Das offene Vorgehen lässt Vertrauen wachsen

An diesem Fallbeispiel wird deutlich, dass Transparenz und Offenlegung sehr wichtige Coaching-Instrumente sind. Es gehört oft viel Mut dazu, die Sachverhalte nicht zu kaschieren. Steht man zu dem, was gerade passiert, wird das häufig auch belohnt.

Das folgende Schaubild soll Ihnen den oben nur in Auszügen beschriebenen Gruppenprozess noch einmal im Detail verdeutlichen.

Übung: Primär- und Sekundärprozess

Nun möchte ich Sie dazu einladen, in einer kleinen Übung Ihren Primär- und Sekundärprozess zu erkunden, und zwar für die Bereiche »Beruf«, »Körper/Gesundheit« und »Privatleben«. Für diese Übung ist es günstig, eine zweite Person (Ihres Vertrauens) zur Stelle zu haben, die Sie zu jedem genannten Punkt im Primärbereich durch Fragen in den Sekundärbereich führt.

Nehmen Sie sich 30 Minuten Zeit und schreiben Sie zuerst in der Spalte »Primärprozess« auf, was Ihnen zu diesem Bereich im Primärprozess spontan einfällt. Anschließend durchleuchten Sie mit der Person Ihres Vertrauens Ihren »Sekundärprozess«, indem jeder Punkt mit den Fragen: »Was geschieht hier mit mir? Worauf glaube ich im Moment keinen Einfluss zu haben? Gibt es etwas, das mich verblüfft?« beantwortet wird und dadurch Erhellung bringt.

Primärprozess (bewusst):

Was sind meine Ziele und Wünsche?

Im beruflichen Bereich: _____
_____

In Bezug auf meinen Körper/meine Gesundheit: _____
_____

Im privaten Bereich: _____
_____

Sekundärprozess (unbewusst):

Was geschieht?

Im beruflichen Bereich: _____
_____

In Bezug auf meinen Körper/meine Gesundheit: _____
_____

Im privaten Bereich: _____
_____

Wenn Sie alle Fragen beantwortet haben, reflektieren Sie noch einmal den Gesamtprozess und beantworten Sie die folgende Frage: Können Sie im Primär- beziehungsweise Sekundärprozess eine Tendenz erkennen?

Versuchen Sie auf diese Fragen eine Antwort zu finden, ohne sie zu interpretieren oder zu bewerten.

Systemische Coaching-Methoden nach dem lösungsorientierten Ansatz

Wenn der Coachee während einer Problembeschreibung und -definierung einen so genannten Tunnelblick bekommt, ist es wichtig, in verschiedenen Coaching-Sequenzen eine Umfokussierung in den Lösungsbereich zu ermöglichen. Durch diese Umfokussierung merken die Coachees, dass es möglich ist, mit wenig Aufwand und geringer Anstrengung einen erwünschten Zielstand zu konstruieren.

Da die Ziele im Coachee bereits vorhanden sind, aber meist nur im Sekundärbereich aufschimmern, sehe ich meine Aufgabe als Coach darin, diese schlummernden Vorstellungen zu wecken, sie zu aktivieren und in den Primärbereich zu übertragen. Diese Arbeit erscheint für den Coachee wiederum so leicht, dass es ihm Spaß macht, an seinem Lösungsbereich zu arbeiten.

> Der lösungsorientierte Ansatz ist ressourcenbezogen und nicht auf ein Problem fokussiert wie die Prozessmoderation nach Arnold Mindell. Dadurch steht im Gegensatz zu klassischen Ansätzen nicht die Problem-Ursachen-Analyse im Vordergrund. Vielmehr Wert wird darauf gelegt, die Prozesse in den Lösungsraum zu lenken und dadurch eine Kompetenzorientierung vorzunehmen.

Aufgabe des Coachs ist es, jeden Schritt der Zusammenarbeit sehr differenziert – direkt mit den Beteiligten und eventuell mit ihren relevanten Arbeitspartnern – zu entwickeln. Leitlinien der Zusammenarbeit sind die Zielvorstellungen des Coachees. Seine Autonomie und Kompetenz werden bei der Zielentwicklung und Definition vorausgesetzt. Die Coachees sind während des gesamten Prozesses gleichwertige und kompetente Kooperationspartner. Ich biete also für die individuellen Sichtweisen und Bedürfnisse der Betroffenen ein »maßgeschneidertes« Angebot, indem ich es auf die relevanten Bedingungen ihrer Arbeit und die Beziehungen innerhalb ihres Arbeitskontextes zuschneide. Die allgemeine Grundlage dieser Überlegungen stellen hypnotherapeutische und -systemische Konzepte dar, die ich im Folgenden erläutere.

Der Blick in die Lösung eröffnet Ressourcen

Als wichtigste Aufgabe in diesem Konzept wird die Fokussierung auf die Lösungserfahrungen angesehen. Alle dabei erscheinenden Aktionen und Reaktionen, also Denkmuster, emotionale Prozesse und Verhaltensbeiträge können als Ressourcen verstanden werden.

Die Lösungskonstruktion stellt durch neue Sichtweisen lösungsförderliche Potenziale dar. Dazu sollen alle relevanten Beteiligten, vor allem die so genannten »Problemträger«, in ihrer Konzentration auf die lösungsfördernden Ressourcen unterstützt werden. Dabei sollte der Coach die kontinuierliche Fokussierung von Aufmerksamkeit auf mögliche Lösungen sowohl im Bewussten als auch im Unbewussten des Coachees unterstützen.

Lösungsorientierte Fragetechniken

Wenn ein Problem auf den Coachee beschränkt ist oder nur einen Beziehungspartner einschließt, ist es nützlich, Informationen darüber zu sammeln, was der Coachee über die Wahrnehmung anderer Personen zu wissen meint.

Beschreibung der Ausnahme

Die Beschreibung der Ausnahmen und der Anteil, den andere an dem Problem haben, erweitern den Blick auf den für den Coachee relevanten Gesamtzusammenhang.

Um diese Informationen zu sammeln, bieten sich unterschiedliche Frageformen an:

- ❖ **Zirkuläre Fragen** können benutzt werden, um Kollegen, Kunden, Ehepartner usw. einzubeziehen, also alle, die mit dem Umfeld und der speziellen Art des Problems in Zusammenhang stehen.
- ❖ Antworten auf **Ausnahmefragen** erbringen Hinweise darauf, wie die Lösung für die Coachees und die signifikanten Bezugspersonen aussehen kann.
- ❖ Die so genannte **Wunderfrage** und die **Skalierungsfragen** können eingesetzt werden, um festzustellen, welche Ausnahmen mit den Zielen des Coachees in Verbindung stehen, sodass Schritte in Richtung einer Lösung ausgehandelt werden können.
- ❖ **Pacingfragen** dienen dazu, sich dem Coachee anzupassen und sich dadurch als Coach einem Kommunikationskredit bei ihm zu verschaffen.

Beispiele für zirkuläre Fragen sind:

❖ »Wenn Ihr Vorgesetzter hier wäre, was würde er sagen, was er an Ihnen anders wahrnimmt in den Zeiten, in denen das Problem nicht auftritt?«
❖ »Was denken Sie, was er sagt, was Sie dann anders machen?«
❖ »Was würde er sagen, was passieren müsste, damit dies öfter stattfindet?«
❖ »Wenn Sie … tun, was ist dann anderes an ihm?«
❖ »Was würde er sagen, was er anders macht, wenn Sie … sind?«

Zirkuläre Fragen bei Beschwerden des Coachees sind:

❖ »Was denken Sie, machen Sie anders, wenn er nicht mehr … ?«
❖ »Was stellen Sie sich vor, was er an Ihnen anders wahrnimmt, wäre er nicht …?«
❖ »Was würde er sagen, was für ihn passieren müsste, damit er damit fortfährt?«

Um Ihnen die Kraft und gleichzeitig die Leichtigkeit des lösungsorientierten Arbeitens zu verdeutlichen, dienen die folgenden ausführlichen Fallbeispiele.

Fallbeispiel: Lösungsorientiertes Arbeiten mit verschiedenen Fragetechniken

Eine Frau im mittleren Management vereinbarte einen Coaching-Termin mit mir, um ihre berufliche Situation zu reflektieren, die sie als sehr problematisch empfand. Sie kam offiziell mit dem Anliegen, ihren nächsten Karrieresprung zu bewältigen. Wie sich dann herausstellte, gab es zusätzlich noch einen inoffiziellen Grund: Sie hatte einen Beziehungskonflikt mit ihrem Kollegen.

Als ich nach einer Woche den ersten Coaching-Termin geben konnte, stellte ich ihr zuerst die lösungsorientierte Skalierungsfrage: *»Stellen Sie sich bitte eine Skala von Null bis Zehn vor. Null soll den Zustand darstellen, in dem sie sich zur Zeit unseres ersten Telefonats befanden. Zehn dagegen soll bedeuten, dass das Problem, von dem Sie mir berichteten, gelöst ist – wie immer es mit Ihren Mitteln gelöst werden kann. Wo befinden Sie sich heute?«*
Sie antwortete, dass sie sich jetzt auf dieser Skala auf 0,5 befände. Daraufhin fragte ich sie, welche Geschehnisse in dieser Woche dazu beigetragen hätten, ihren Zustand in dieser Zeit von Null auf 0,5 zu steigern. Sie berichtete mir, dass die erste Veränderung bereits mit unserem Telefonat stattgefunden hätte, weil sie durch die Terminvereinbarung von einer pas-

Erste Veränderungen werden sichtbar

siven in eine aktive Rolle übergewechselt sei. Danach war es ihr etwas besser gegangen. Ich beglückwünschte sie zu diesem Schritt, der zeigte, dass sie in der Lage war, für sich selbst zu sorgen.

Nach dieser ersten Intervention, die bereits einen ersten Zustandswechsel hervorrief, schilderte sie mir ihr Anliegen. Sie war für eine Beförderung vorgesehen und hatte das Gefühl, dass ihr Kollege versuchte, dies mit allen Mitteln zu verhindern. Er war nach ihr in die Firma gekommen, und sie stand mit ihm in einem starken Rangkonflikt. Sie fühlte sich als sein Mobbingopfer. Er würde ihre Vorgaben nutzen, sie lediglich ein wenig verbessern und sie dann als seine eigenen Ideen ausgeben. Dies war schon mehrmals passiert. Immer wenn sie dies offen angesprochen hatte, bekam sie die Rückmeldung, dass sie momentan sehr empfindlich sei und dass ihre Wahrnehmung nicht mit denen der anderen Mitarbeiter übereinstimme. Da beide zu derselben Abteilung gehörten, war sie gezwungen, eng mit ihm zusammen zu arbeiten.

Schrittweise Erweiterung des Fokus

Daraufhin intervenierte ich, indem ich ihr **Fragen nach den Ausnahmen** zu ihrem Problem stellte. So fragte ich sie, ob es immer so sei oder ob es Situationen gäbe, in denen das beschriebene Verhalten nicht aufträte.

Der Dialog lief folgendermaßen ab: »Eigentlich ist es immer so.«

»Wann ist die Situation etwas besser?« – »Wenn der Kollege im Urlaub ist.« – »Ist es auch manchmal anders, wenn er nicht in Urlaub ist?« – »Ja, wenn wir an einem Projekt arbeiten, mit dem uns die Leitung gemeinsam beauftragt hat.« – »Was ist bei den gemeinsamen Projekten anders?« – »Dann haben wir eine klare Arbeitsteilung. Ich mache das Grobkonzept und er die Detailarbeit.«

An dieser Stelle fragte ich nach einer weiteren Ausnahme und erweiterte so die Fragetechnik: »Was an Ihrem Verhalten ist anders, wenn Sie das Grobkonzept machen und er die Detailarbeit?« – »Ich konzentriere mich ganz auf meine Arbeit und weiß, dass mein Anteil an diesem Projekt auch entsprechend gewürdigt und gesehen wird.« – »Was kann Ihr Kollege dann tun und sehen, wenn Sie sich auf Ihre Arbeit konzentrieren und Sie wissen, dass Ihr Anteil an diesem Projekt gewürdigt wird? Woran kann er ihr verändertes Verhalten erkennen?« – »Wir haben keine Auseinandersetzungen mehr. Ich gebe ihm pünktlich mein Grobkonzept ab, und er hat eine gute Vorarbeit in Händen, auf die er aufbauen kann.« – »Was macht Ihr Kollege anders, wenn Ihre Zusammenarbeit so aufgeteilt ist?« – »Er ist freundlich, bedankt sich und bespricht das Endresultat mit mir.« – »Was müsste passieren, damit dies öfter möglich ist?« – »Wir müssten nur noch gemeinsame Projekte bekommen, was illusorisch ist.«

»Was können andere Mitarbeiter, zum Beispiel Ihre Vorgesetzten, tun, damit dies öfter passiert?« – »Sie sollten unsere unterschiedlichen Stärken anerkennen und in ihrer Aufgabenverteilung berücksichtigen.«

Nun wechselte ich zur **Wunderfrage**: »Angenommen es würde, während Sie nachts schlafen, ein Wunder geschehen. Sie wachen morgens auf und sie arbeiten hervorragend mit Ihrem Kollegen zusammen, ohne dass Ihnen dies bewusst ist. Woran werden Sie am nächsten Tag und in der folgenden Wochen merken, dass dieses Wunder passiert ist? Woran werden Ihre anderen Kollegen und Ihre Vorgesetzten merken, dass dieses Wunder passiert ist, ohne dass Sie es ihnen sagen müssen?

»Ich wache früh gut gelaunt auf und gehe guter Dinge zur Arbeit, komme strahlend in die Firma. Daran würden mein Kollege und auch meine Vorgesetzten merken, dass bei mir ein Wunder passiert sein muss.« – »Sehr gut, und woran würde man es noch merken?« – »Ich singe, nehme alles leicht und ärgere mich nicht mehr.« – »Wenn ich zu dieser Zeit zufällig mit einer Videokamera anwesend wäre, was wäre dann nachher auf dem Video zu sehen?« – »Wir sitzen in einem Raum, beide an unseren Schreibtischen und jeder erledigt seinen Teil der Arbeit. Wir reden miteinander, tauschen uns aus. Es herrscht eine gute Atmosphäre.«

Das Wunder
passiert …

Nun wechselte ich nochmals zur Skalierungsfrage, um damit eine Bewertung der Beziehung zu erfragen: »Wie schätzen Sie im Moment auf der Skala von Null bis Zehn die Beziehung zu Ihrem Kollegen ein? Null entspricht einer schlechten Beziehung zu ihm, Zehn bedeutet, Sie haben eine hervorragende Arbeitsbeziehung.« – »Wenn Sie mich so fragen auf drei, weil ich mich jetzt an unsere gemeinsamen Projekte erinnere.« – »Wenn ich Ihrem Kollegen dieselbe Frage stellen würde, was meinen Sie: Wie würde Ihr Kollege Ihre Beziehung einschätzen?« – »Auf fünf, da mein Kollege ja sehr von mir profitiert. Er würde vielleicht sogar acht sagen, wenn es nicht mehr zu meinen ›hysterischen Ausbrüchen‹ käme.«

Mit den weiteren zirkulären Fragen gelang es mir, unterschiedsbildende Informationen zu erhalten: »Wie erklären Sie sich, dass Ihr Kollege die Dinge optimistischer wahrnimmt? Worauf baut er diese Wahrnehmung auf?« – »Eigentlich hat mein Kollege keine Probleme mit mir, bis auf die hysterischen Ausbrüche, wie er sie nennt. Wie ich schon sagte, profitiert er sehr von meinen Vorgaben.« – »Welche guten Dinge kann er an Ihnen sehen, die Sie im Moment nicht wahrnehmen?« – »Er schätzt meine Fähigkeit, in kurzer Zeit Grobkonzepte zu entwickeln.«

Unterschiedsbildende
Informationen sind
wichtig zu erfahren

Jetzt bot sich eine **Pacingfrage** an, um mich dem gedanklichen Rhythmus meines Coachees anzugleichen: »Worauf können Sie weiterhin aufbauen?«

Weitere Ressourcen sammeln

»Das sagte ich ja schon: auf die gemeinsamen Projekte.« – »Ja, das stimmt. Aber nun gibt es etwas Neues an Ihren Äußerungen, nämlich Ihre Einschätzung der Wahrnehmung Ihres Kollegen.« – »Ja, mein Kollege hat kein Problem mit mir, sondern ich mit ihm.«

Nun stellte ich ihr eine der **Fragen zur Problemlösungsbalance** (s. auch S. 22, 119): »Was ist gut am Gegenwärtigen?« – »Die Unterschiedlichkeit unserer Fähigkeiten, die sich gut ergänzen.« – »Was soll so bleiben?« – »Mein Kollege kann mir gerne ein Feedback zu meiner Arbeit und meinen Konzepten geben, sie ergänzen und sich dazu äußern.« – »Welche Ressourcen kommen darin zum Ausdruck?« – »Ich könnte dann auch die Leistung meines Kollegen anerkennen.« – »Wodurch könnte diese Ressource der gegenseitigen Anerkennung noch mehr gewürdigt werden?« – »Indem meine Arbeit auch vor den anderen Mitarbeitern und den Vorgesetzten als meine Arbeit deutlich wird.« – »Was täten Sie dann, was Sie jetzt nicht tun?« – »Ich würde zu meinen Vorgesetzen gehen und um ein gemeinsames Gespräch bitten. Ich würde mit ihnen über meine jetzigen Erkenntnisse sprechen und deutlich machen, was mir wichtig ist. Ich würde klarstellen, wo meiner Ansicht nach die Stärken bei mir und bei meinem Kollegen liegen und dadurch die Bereitschaft zu einer Zusammenarbeit signalisieren, aber zu meinen Bedingungen.« – »Ich beglückwünsche Sie zu diesem Ergebnis.«

Konkrete Termine helfen bei der Zielumsetzung

Es folgt noch eine **Frage zur Transfersicherung:** »Wann werden Sie dieses Gespräch führen?« – »Nächste Woche Mittwoch.« Transfersicherung ist für den Coachee nützlich, um die weiteren Erkenntnisse nicht im weiteren Geschehen versanden zu lassen, sondern konkrete erste Schritte der Umsetzung für die Veränderung zu planen.

Anschließend checke ich noch die **Ziel- und Auftragsklärung** beziehungsweise die mögliche Nachbetreuung: »Möchten Sie noch einmal eine Coaching-Sitzung oder ist das Problem damit für Sie erledigt?« – »Ich möchte nach diesem Treffen noch einmal eine Coaching-Sitzung, und das Ergebnis mit Ihnen zusammen reflektieren. Ich bin sehr froh über dieses Ergebnis und eigentlich war es gar nicht so schwer.«

Die **Skalierungsfrage** nutze ich, um Kriterien zur Erfüllung meines Auftrags zu checken. Sie bildet dann den Abschluss: »Auf der genannten Skala, wo befinden Sie sich nun am Ende unseres Coachings?« – »Auf fünf. Nach dem Gespräch am Mittwoch wird es sicher noch anders aussehen. Ich habe ja doch noch einiges vor mir«.

Problemlösungsbalance

Häufig kommt es vor, dass Menschen so gegensätzliche Persönlichkeitsanteile besitzen, dass sie einen inneren Zwiespalt hervorrufen. So kann der eine Anteil beispielsweise anstreben, die Karriereleiter hochzusteigen, während der andere eher seine Ruhe haben, Urlaub machen oder einfach faul sein will. Manchmal gibt es sogar noch einen dritten Persönlichkeitsanteil, der wieder etwas anderes möchte, zum Beispiel den Businessbereich verlassen und Künstler werden. Wenn ein Anteil übermächtig wird oder Anteile sich gegenseitig behindern und es dadurch zu einer inneren Zerrissenheit kommt, ist es sinnvoll, zwischen ihnen eine Balance herzustellen. Dieses Vorgehen wird im systemischen Coaching **Problemlösungsbalance** genannt. Zu dieser Methode, die ich von Gunther Schmidt übernommen und modifiziert habe, empfehle ich Ihnen folgende Übung als Intervention.

> »Der Mensch hat sehr früh eine Empfindung von dem, was recht ist.
>
> *(Immanuel Kant)*

Übung: Äußere Konferenz der inneren Teile

❖ Der Coach identifiziert bei seinem Coachee ein Problem, das sich in Form eines inneren Konflikts zeigt. Er etabliert die relevanten »inneren Teile«. Meist sind es zwei, die wie folgt zueinander stehen: a) der eine Teil »macht« das Problem, b) der andere Teil »will das Problem weghaben«.

❖ Der Coach lässt sich vom Coachee diese inneren Teile konkret beschreiben. Dabei ist die Frage hilfreich: »Angenommen, Ihr zuerst beschriebener Teil wäre ein Wesen: Wäre es männlich oder weiblich? Welchen Namen hat es? Beschreiben Sie das Aussehen. Wie ist es gekleidet: elegant oder sportlich? Wie alt ist es? Ist es groß oder klein? Hat es dunkle oder helle Haare? Welche Charaktermerkmale hat es? Worin unterscheidet es sich von anderen? Was fällt Ihnen sonst noch zu ihm ein? Je konkreter die Beschreibungen sind, desto besser.

❖ Anschließend wenden Sie sich dem anderen Teil mit den selben Fragestellungen zu.

❖ Dann wird der Coachee zum Konferenzleiter bestimmt, der außerhalb des Systems steht und sozusagen eine Metaposition einnimmt, beispielsweise als »Minister«, »König«, »Boss«, »Teamleiter«, »Fee« oder Ähnliches. Und in dieser Rolle spricht der Coach den Coachee auch an, also zum Beispiel als »Sie, Herr Minister«. Diese Position ist in diesem Szenario die letzte Entscheidungsinstanz.

❖ Im nächsten Schritt macht der Coach seine eigene Rolle deutlich. Er ist zum einen der Coach des Ministers, zum anderen begibt er sich auch in die vom Coachee benannten anderen Rollen. Dabei springt er sozusagen von einer Position in die andere. Der Coachee wiederum hat in seiner Rolle als Minister diese Konferenz zu moderieren und er kann auch Entscheidungen treffen.

❖ Es wird ein Stuhl für den Minister aufgestellt, auf den er sich setzt. Der Coach geht an das Ende des Raumes und schreitet langsam auf diesen Stuhl zu, von dem aus der Minister bestimmt, an welcher Stelle der Coach als sein Teil X stehen bleiben soll. Diesen Abstand markiert der Coach mit einen Stuhl. Danach geht er als Teil Y wieder an das Ende dieses Raums und wiederholt den Vorgang noch einmal für den anderen Teil.

❖ Nachdem die Abstände der beiden Teile klar sind, schlüpft der Coach wieder in die verschiedenen Rollen und beginnt mit Teil X. Er erfragt die Aufgabe beziehungsweise die positiven Absichten, die dieser Teil für den Minister hat.

❖ Das Gleiche macht er dann mit Teil Y.

❖ Anschließend kommt es zu einer Verhandlungssituation der beiden Teile, indem der Coach immer wieder abwechselnd in die Rollen dieser Teile schlüpft. Aus dieser Rolle heraus berichtet der Coach über den Zustand, in dem sich der von ihm verkörperte Teil befindet, wie es ihm mit dem Abstand zum Minister und auch zum Teil Y geht. Hierbei kommt es oft vor, dass Hierarchien entstehen, die dadurch deutlich werden.

❖ Das Gleiche wiederholt er mit Y.

❖ Dann verhandeln die beiden Teile, an welcher Stelle sie sich gegenseitig behindert fühlen und was sie sich von dem anderen Teil wünschen, um ihrer Aufgabe gerecht zu werden.

Zwischendurch kann der Coach immer wieder die Position des Coachs für den Minister einnehmen und aus dieser Rolle heraus den eben abgelaufenen Prozess reflektieren. Dabei sollten Sie darauf achten, dass der Minister in seiner Rolle bleibt und sich nicht mit den Teilen identifiziert. Falls doch, ist es die Aufgabe des Coachs, auf einen Rollenwechsel aufmerksam zu machen und ihn sprachlich wieder in die Metaposition zurückzuholen. Wenn dies geschehen ist, fragt der Coach, ob der Minister bezüglich der Kooperationsbeziehung der beiden Teile eine Idee hat oder eine Entscheidung treffen möchte. Die vom Minister entwickelten Ideen greift der Coach auf und integriert sie in den Prozess, indem er sich als Teil X oder Y dazu äußert. Dieser Prozess erfordert vom Coach eine hohe Flexibilität.

❖ Wenn ein Kooperationsabkommen zwischen den Teilen zu Stande gekommen ist, werden alle aus ihren Rollen entlassen.

Zur Reflektion des Prozesses eignen sich die folgenden Fragen: Welche neuen Erkenntnisse haben Sie gewonnen? Wodurch haben sich Ihre Wahlmöglichkeiten erweitert? Welche Idee haben Sie, um diese neuen Erkenntnisse in ihren Alltag zu integrieren?

Manchmal ergibt es sich durch »die äußere Konferenz der inneren Teile«, dass ich meinem Coachee am Ende noch symbolische Repräsentationen des Ergebnisses wie beispielsweise Postkarten oder Steine als Erinnerung zur inneren Verankerung mitgebe.

Diese systemische Übung eignet sich auch für Gruppen. Der Coachee kann Teilnehmer aus der Gruppe wählen, die die Rollen der Persönlichkeitsanteile übernehmen. In diesem Setting fällt dem Coach die Aufgabe zu, den Konferenzleiter im Prozess zu unterstützen. Die restlichen Teilnehmer fungieren als Beobachter dieses Szenarios und können anschließend ein konstruktives Feedback ihrer Beobachtung geben.

Teamentwicklungsprozess mit Metaplan-Arbeit

Wenn ein Coaching-Auftrag beispielsweise lautet, eine Projektgruppe, die sich neu gebildet hat, mit Ressourcen zu versorgen und sie in der Projektphase zu unterstützen, handelt es sich um einen Teamentwicklungsprozess. Das Ziel eines solchen Prozesses ist es, dass die betroffenen Personen in einem kreativen *Welches Ziel hat* Miteinander einen Ist-Zustand für das Team erkennen. Sind die vorhandenen *die Gruppe* Fähigkeiten und Potenziale identifiziert, wird gemeinsam das weitere Vorgehen geplant. In diesen Fällen ist bei der Auftragsklärung darauf zu achten, welches Ziel die Gruppe mit der Teamentwicklung verfolgt. Wenn die Gruppe in der Startphase ist und noch keine Positionen für das Projekt vergeben sind, kann die Positionsvergabe der Schwerpunkt für die Beobachtung und Rückmeldung des Coachs in der Prozessphase sein.

Sollte es sich jedoch um eine Strategieentwicklung handeln, dann rücken die zu entwickelnde Strategie und die dazugehörigen Fähigkeiten der Einzelnen für den Coach in den Mittelpunkt.

Die intensivere Beschäftigung mit den Ressourcen der anwesenden Kollegen wirkt sich meist teambildend aus, da sie sich »von Anfang an Geschenke machen«. Es entsteht eine fast intime Gruppenatmosphäre, und die Teilnehmer werden dazu angeregt, anders übereinander zu denken. Zusätzlich wird die Eigenwahrnehmung gefördert. In der Regel ist es so, dass Menschen anderen lieber Komplimente machen, als ganz klar die eigenen Stärken zu benennen, ihnen in einem Prozess einen Rahmen zu geben und sie zu würdigen. Der Teambildungsprozess besteht aus fünf verschiedenen Phasen.

❖ Die **Anfangsphase** dient dazu, dass sich die Gruppe in einem Klima der Wertschätzung und des Vertrauens näher kennen lernt und die Teilnehmer *Begeisterung für* unmittelbar miteinander Kontakt aufnehmen. In dieser Phase ist darauf *Veränderungsprozesse* zu achten, dass die Betroffenen sich für den Veränderungsprozess begeistern. Beginnen Veränderungsprozesse mit einem Kaltstart, laufen sie leicht ins Leere.

❖ In der **Prozessphase** geraten die Dinge in Fluss. Die entstehenden Initiativen müssen sich hier entfalten können. In dieser Phase werden Kraft und Energie freigesetzt, um sie für den weiteren Prozessverlauf zu nutzen.

❖ In der **Prozessweiterentwicklungsphase** ist es wichtig, Formen der Verfestigung zu finden, um die Teilnehmer zu »erden«. Für diese Phase werden vorhandene Fähigkeiten, Kenntnisse, Fortbildungen genutzt, um sie in einem Synergieeffekt zu verbinden. Aus den vorhandenen Fähigkeiten kann Neues entstehen und die Kraft des Teams kommt dadurch zum Ausdruck, dass sich der Einzelne einbringt.

❖ In der **Ziel- und Visionsphase** kommt es darauf an, eine klare Perspektive zu entwerfen und bilderreiche Visionen zu finden, die darauf verweisen, wohin die Reise gehen soll. Sie zeigt vorhandene Handlungsspielräume auf, in denen übergeordnete Ziele und Wünsche verwirklicht werden. Aus dieser Vision entstehen dann auch die kurz-, mittel- und langfristigen Ziele, die in der Umsetzungsphase verwirklicht werden.

❖ Die **Umsetzungsphase** dient dazu, den Transfer sicherzustellen, um dann Aufgaben zu verteilen, die von den Teammitgliedern eigenverantwortlich ausgeführt werden. Es wird festgelegt, wer wann und wo welche Funktion übernimmt.

Übung: Teamentwicklungsprozess

Die folgende Übung ist für Gruppen zwischen drei und 15 Teilnehmern geeignet, wobei die in Klammern eingetragene Zeiteinschätzung einer Gruppengröße von sechs Teilnehmern entspricht.

1. **Schritt: Zugang zu den eigenen Ressourcen (Einzelarbeit, 10 Minuten):** Jeder Teilnehmer schreibt drei seiner Ressourcen, die er für das Team zur Zielerreichung einsetzen kann, auf drei Karten einer Farbe (zum Beispiel blau) und legt sie vor sich auf den Boden.
2. **Schritt: Vorstellen der Ressourcen in der Gruppe (Gruppenarbeit, 15 Minuten):** Jeder der Teilnehmer stellt im Plenum seine auf den Karten beschriebenen Ressourcen vor.
3. **Schritt: Zugang zu den Ressourcen durch die anderen Personen (Gruppenarbeit, 30 Minuten):** Jeder Teilnehmer prüft, ob er bei den anderen anwesenden Personen weitere Ressourcen erkennt, die er als besonders wichtig für das Team beziehungsweise das Ziel erachtet. Anschließend schreibt er diese Ressourcen auf weitere Karten (einer anderen Farbe) und überreicht sie den entsprechenden Personen als Geschenk.

4. Schritt: Vorstellen der Teamentwicklungsphasen (15 Minuten): Der Coach stellt der Gruppe die einzelnen Phasen des Teamentwicklungsprozesses vor. Dabei werden verschiedene Karten jeweils als Anfangs-, Prozessweiterentwicklungs-, Ziel-, Visions- und Umsetzungsphase markiert und an verschiedenen Stellen im Raum ausgelegt.

5. Schritt: Zuordung der Ressourcen (Gruppenarbeit, 45 Minuten): Die gesammelten Ressourcekarten werden in einem gemeinsamen Teamprozess den einzelnen markierten Phasen zugeordnet. Hierbei geht es nicht darum, die eigenen Ressourcekarten zuzuordnen, sondern darum, dass alle auf Karten aufgeschriebenen Ressourcen im Raum in einem Gruppenprozess den einzelnen Phasen zugeordnet werden. Der Coach nimmt an dieser Stelle nicht die Rolle des Moderators ein. Er ist der Beobachter, der anschließend die Gruppendynamik reflektiert.

Tipp: Der Coach sollte in seiner Beobachtung auf folgende Punkte achten: Entstehen Hierarchien? Wie sieht das gemeinsame Vorgehen aus? Wer übernimmt wann die Führung? Wie einigt sich die Gruppe bei der Zuordnung der Karten? Gibt es Minderheiten, die nicht beachtet werden? Handelt es sich eher um ein chaotisches oder um ein strukturiertes Vorgehen? Welche Strategien werden entwickelt? Ist die Gruppe in der Lage, die Zeitvorgabe einzuhalten? Wenn dies nicht der Fall sein ist, sollte der Coach abbrechen und den Ist-Zustand des Ergebnisses auswerten.

6. Schritt: Auswertung des Prozesses (Gruppenarbeit, 1 Stunde): Sobald der Prozess abgeschlossen ist, wird er unter der Leitung des Coachs ausgewertet. Der Coach teilt in seinen Beobachtungen beispielsweise mit, wie er den Prozess der Verteilung der Ressourcen wahrgenommen hat. Er fasst zusammen, ob einer Phase keine Ressourcen zugeordnet wurden oder eine Phase überbesetzt war.

Dieses Resümee dient dazu, den Ist-Zustand der Gruppe festzustellen. Oft passiert es, dass in einem Team beispielsweise keine Ressourcekarten in der Ziel- und der Visionsphase liegen. Dann fragt der Coach, ob dies für diese Projektphase gut ist oder ob die fehlenden Ressourcen von außerhalb zu holen sind: zum Beispiel aus dem Unternehmen oder über eine Beratungsgesellschaft etc.

Am Schluss soll jeder Teilnehmer sich auf den Platz der Phase begeben, wo er sich »Zuhause« fühlt. Wichtig ist dabei, dass der Coach die Teilnehmer darauf hinweist, dass es sich um einen inneren Sog nach dem Motto »da zieht es mich hin« handeln sollte. Dieser Sog muss nichts mit den eigenen Ressourcen oder den Geschenken der anderen zu tun haben.

Wenn jeder seinen Standort gefunden hat, werden »symbolische Fußabdrücke« markiert, indem die jeweiligen Personen ihre Namen auf die entsprechenden Kärtchen schreiben. Wenn es eine Phase gibt, zu der keiner der Teilnehmer sich hingezogen fühlt, sollte der Coach fragen, was dies für das Team bedeutet. Wie kann das Team von außen Hilfe für eine nicht besetzte Phase finden? In dieser Situation ist es wichtig, eine zielbezogene Antwort zu finden.

Wenn sich durch den Teamentwicklungsprozess neue Ziele entwickelt haben, ist die nachfolgende Übung ein guter Anschluss, um diese Ziele mit Werten zu unterlegen.

Übung: Individuelle Wertvorstellung und Gruppenwert

Für diese Übung, die sich gut für Kleingruppen eignet, sollten Sie einen kleinen Kreis von Stühlen zusammenstellen, der den so genannten »inneren Kreis« bildet. Die Gruppengröße sollte zwischen drei und maximal sechs Personen liegen. Bei dieser Übung ist sehr genau auf die Zeit zu achten.

Die Aufgaben der Gruppenteilnehmer lauten:

❖ Überlegen Sie allein, welche wichtigen persönlichen Werte Sie in Bezug auf Ihr Team und Ihr genanntes Ziel in die Gruppe einbringen möchten. Dafür haben Sie zehn Minuten Zeit.

❖ Stellen Sie diese Werte Ihrer Kleingruppe vor und diskutierten Sie diese Werte mit dem Ziel, aus den verschiedenen individuellen Werten einen gemeinsamen Gruppenwert zu finden. Diese Übung wird nach 30 Minuten beendet, selbst wenn sich noch kein gemeinsamer Gruppenwert gefunden haben sollte – was häufig passiert, da es sich um einen schwierigen Prozess handelt.

❖ Danach verlassen alle den inneren Kreis und stellen sich hinter ihren Stuhl. Von diesem äußeren Kreis aus, der auch Metaposition genannt werden kann, sollen folgende Fragen beantwortet werden. (20 Minuten Zeit):
  – Welche Rolle habe ich im inneren Kreis gespielt?
  – Kam mir dies bekannt vor?
  – Wie habe ich mich dabei gefühlt?
  – Was fand ich konstruktiv am Gruppenprozess?
  – Welche Ideen habe ich zur Verbesserung des Prozesses?

❖ Begeben Sie sich wieder in den inneren Kreis und versuchen Sie das, was Sie durch die Beantwortung der Fragen herausgefunden haben, umzusetzen. Falls Sie diesen schon haben, ergänzen Sie ihn durch die Ergebnisse. (20 Minuten).

❖ Begeben Sie sich nun noch einmal mit der Gruppe in die Metaposition, das heißt, alle stellen sich wieder hinter die Stühle und beantworten folgende Fragen (20 Minuten):
  – Was fand ich konstruktiv am Gruppenprozess?
  – Welcher Regel ist die Gruppe gefolgt?
  – Welche Rollen hat sie hervorgebracht?
  – Welche Ideen habe ich zur Verbesserung des Prozesses?

❖ Begeben Sie sich nochmals in den inneren Kreis und versuchen Sie in den verbleibenden 15 Minuten, die Vorstellungen, die zum konstruktiven Vorgehen im Gruppenprozess geäußert wurden, zu operationalisieren.

Ziel dieser Übung ist es, alle Teilnehmer in den Gruppenprozess zu involvieren und jedem bei der Beantwortung der Fragen die gleiche Sprechzeit zu geben, damit alle Stimmen gehört werden. Am Schluss sollte überprüft werden, ob bei der gemeinsamen Wertvorstellung die individuellen Werte der einzelnen Teilnehmer ausreichend berücksichtigt wurden.

Systemische Coaching-Methoden nach dem Neurolinguistischen Programmieren (NLP)

Im NLP geht man davon aus, dass Verhalten veränderbar und Fähigkeiten erlernbar sind. Sowohl das Verhalten als auch die Fähigkeiten äußern sich in einem bestimmten Kontext, der nicht fest gefügt, sondern vorübergehend ist. Das systemische Coaching nach dem NLP arbeitet an einem Klärungs- und Sortierungsprozess, der dem Coachee dabei hilft, sich in einer bestimmten Situation anders, das heißt neu, zu verhalten. Dabei findet er alle Ressourcen, die er braucht, um an seiner Wahrnehmung oder seinem Verhalten etwas zu ändern, grundsätzlich bei sich selbst. Manchmal bedarf es nur einer kleinen Wahrnehmungsverschiebung, und schon hat er es in der Hand, seine Probleme selbst zu lösen und seine Ziele zu erreichen.

> »Die Lebensschule offenbart ihren Ertrag in der Zeit.«
>
> *(Søren Kirkegaard)*

NLP-Techniken können sich sehr gut mit allen psychologischen Ansätzen verbinden. Ich benutze es im Zusammenhang mit prozessorientiertem und lösungsorientiertem Vorgehen, denn NLP bietet viele nützliche Methoden, um neue Verhaltensweisen zu erlernen und bisher noch nicht wahrgenommene Lösungsmöglichkeiten zu entdecken.

Insbesondere beim systemischen Coaching verhelfen das Konzept der »logischen Ebenen« und die Arbeit mit der Timeline dem Coach dazu, einen Perspektivwechsel in der Wahrnehmung seines Coachees herbeizuführen und seine Flexibilität im Verhalten zu erhöhen.

»Logische Ebenen« im Veränderungsmanagement

Gregory Bateson (s. S. 15, 29) hat hervorgehoben, dass es in den Prozessen von Lernen, Veränderungen und Kommunikation »natürliche« Hierarchien gibt. Die Funktion jeder Ebene ist es, die Information auf der darunter liegenden zu organisieren. Die Regeln für Veränderungen sind demnach auf jeder Ebene unterschiedlich. Veränderungen auf einer höheren Ebene ziehen so zwangsläufig Veränderungen auf allen unteren Ebenen nach sich. Nach Bateson sind es häufig Konfusionen zwischen den »logischen Ebenen«, die Probleme schaffen.

An dieser Stelle gehe ich noch einmal auf das Konzept der »logischen Ebenen« ein, das bereits im Kapitel »systemisches Coaching« eingeführt wurde. Im Nachfolgenden werde ich Ihnen an Fallbespielen erklären, wie Sie mit diesen Ebenen als Intervention im Coaching arbeiten können.

❖ Die Ebene der Umwelt,
❖ die Ebene des Verhaltens,
❖ die Ebene der Fähigkeiten,
❖ die Ebene der Werte und Glaubenssätze,
❖ die Ebene der Identität,
❖ die Ebene der Zugehörigkeit.

Fallbeispiel: Zielarbeit mit den »logischen Ebenen«

Frau Schulze, eine Frau mittleren Alters, kam zu mir zum Coaching. Sie wollte sich nach der abgeschlossenen Ausbildung und jahrelanger Berufserfahrung als angestellte Tanztherapeutin selbstständig machen. Nach der Ziel- und Auftragsklärung bot ich zur weiteren Intervention an, einen Als-ob-Rahmen zu schaffen. Ich forderte sie auf, sich folgende Situation auszumalen: »Angenommen Sie haben ihr Ziel jetzt schon erreicht und sind selbstständig. Beschreiben Sie, was Sie in dieser Situation sehen. Vielleicht gibt es Bilder oder bestimmte Leute, die Ihnen jetzt in den Sinn kommen. – Was hören sie? Vielleicht sind es Stimmen, Klänge oder bestimmte Geräusche, die zu dieser Situation gehören. – Wenn Sie sehen, was es zu sehen gibt und hören, was es zu hören gibt, ist auch ein ganz bestimmtes Gefühl damit verbunden, das Sie jetzt spüren. Nehmen Sie dieses Gefühl wahr. – Es ist auch möglich, dass zu Ihrer Selbstständigkeit ein ganz bestimmter Geschmack und ein Geruch gehören. Wenn das so ist, nehmen Sie beides wahr und lassen Sie es auf sich wirken.

So tun, als wäre das Ziel schon erreicht

Nun möchte ich Sie bitten, mit mir eine kleine Wanderung durch verschiedene Ebenen zu machen. Zuerst bitte ich Sie, aus dem erreichten Zustand Ihrer Selbstständigkeit auf die Ebene Ihrer Umwelt zu gehen, die ich hier schon mit einem Kärtchen vorbreitet habe und auf den Boden lege. Bitte beantworten Sie mir nun folgende Fragen:

❖ Wo sind Sie hier?
❖ Mit wem sind Sie hier?
❖ Was hören Sie?
❖ Was sehen Sie?
❖ Was schmecken oder riechen Sie?«

*Die Umwelt
wahrnehmen*

Sie antwortete: »Ich bin in meinem neuen Raum, der sehr groß und hell ist, und in dem ich mir eine kleine Ecke durch eine spanische Wand abgetrennt habe. Im Moment bin ich allein und warte auf meinen nächsten Klienten. Ich höre Musik und ich höre das Plätschern meines Zimmerbrunnens. Ich sehe die hellen Wände, den Parkettfußboden, die großen Fenster und die Pflanzen im Raum. Ich rieche den frischgebrühten Kaffee und lasse ihn mir schmecken.«

*Verhaltensebene
erkunden*

Daraufhin sage ich zu ihr: »Nun, nachdem Sie mir alles über Ihre Umwelt berichtet haben, bitte ich Sie, einen Schritt weiterzugehen und sich auf die Ebene Ihres Verhaltens zu begeben. Dazu lege ich auch dort ein vorbereitetes Kärtchen auf den Boden. Hier möchte ich von Ihnen wissen, was Sie in dieser Umwelt tun.«

»Ich arbeite am Computer und telefoniere. Ich arbeite mit Klienten. Ich führe Gespräche und halte Therapiestunden.«

*Welche besonderen
Fähigkeiten stechen
hervor?*

»Nun machen Sie bitte den nächsten Schritt auf die Karte, die für die Ebene Ihrer Fähigkeiten steht. Jetzt möchte ich von Ihnen wissen, wie tun Sie das, was Sie tun? Welche besonderen Fähigkeiten haben Sie bei Ihren Tätigkeiten? Was zeichnet Sie besonders aus?«

»Ich mache meine Arbeit mit Freude und Liebe. Ich habe zu allen meinen Klienten eine besondere Beziehung. Durch meine Therapie kann ich Menschen helfen. Es gelingt mir, die Menschen, die zu mir kommen, wieder ganz mit Ihrem Körper in Kontakt zu bringen. Und ich kann ihnen vermitteln, wie sie die schönen Dinge des Lebens genießen und wieder zu sich kommen können. Weiterhin habe ich die Fähigkeit, schnell am Computer zu arbeiten und somit meine Bürotätigkeiten allein zu erledigen.«

*Welche Werte
sind wichtig?*

»Nachdem Sie mir von Ihren Fähigkeiten berichtet haben, bitte ich Sie, auf die Karte der Ebene des Glaubens und der Werte zu gehen. Was ist Ihnen hier wichtig? Warum tun Sie das, was Sie tun? An was glauben Sie? Was motiviert Sie? Was glauben Sie von sich und anderen, die diesen Beruf gewählt haben?«

»Ich glaube, dass ich anderen Menschen helfen kann. Ich übe meinen Beruf aus, weil ich davon überzeugt bin, dass ich damit etwas Gutes tue. Ich glaube, dass der Körper eine ganz wichtige Rolle im Leben spielt, die nicht vernachlässigt werden darf und die von vielen noch nicht erkannt wurde. Ich glaube, dass diese Erkenntnis den Menschen neue Räume öffnet. Mich motiviert die Selbsterfahrung, die ich mit der Tanztherapieerfahrung gesammelt habe und dass ich diese Erfahrungen auch anderen Menschen vermitteln kann. Meine Motivation ist, dass sie nach der Therapie einen veränderten Zustand erreicht haben und sich glücklicher fühlen. Ich glaube, dass alle, die diesen Beruf ausüben, eine ganz bestimmte Einstellung zu dieser Aufgabe haben, die sie trägt.«

»Nachdem Sie von Ihren Werten und Glaubenssätzen gesprochen haben, bitte ich Sie jetzt auf die Ebene der Identität zu gehen. Hier möchte ich von Ihnen wissen, was für ein Selbstverständnis Sie von sich auf dieser Ebene haben. Wie verstehen Sie sich selbst? Wer sind Sie? Vielleicht fällt Ihnen eine passende Metapher dazu ein?«
»Ich bin eine Heilerin mit Herz. Ich bin wie die gute Fee im Märchen.«

Ebene der Identität

»Nun bitte ich Sie auf die letzte Ebene, die der Zugehörigkeit. Welchem großen Zusammenhang fühlen Sie sich zugehörig? Gibt es hier auf der beruflichen, privaten, ideellen, spirituellen Ebene etwas oder jemanden oder eine Gruppe, dem oder der Sie sich zugehörig fühlen? Welche Aufgabe, welche Mission haben Sie?«
»Ich gehöre zu der Gruppe der Therapeuten und Heiler. Meine Aufgabe ist es, andere Menschen zu heilen und sie in ihrem Heilungsprozess zu unterstützen, ihre verborgenen Schätze wieder zu entdecken, zu sich selbst zu finden und wieder gesund zu werden. Allen Menschen, die die gleiche Mission haben, fühle ich mich verbunden.«

Die Zugehörigkeit feststellen

»Genießen Sie diesen Zustand der Verbundenheit mit anderen Menschen, und öffnen Sie dadurch auch für sich neue Räume. Nehmen Sie alles wahr, was auf dieser Ebene wahrzunehmen ist, was Sie sehen, hören, fühlen, riechen und schmecken. Nehmen Sie vor allem sich selbst in diesem Zustand wahr. Da ich vorher all Ihre Antworten auf eine Karte geschrieben habe, sind Sie bereits den jeweiligen Ebenen zugeordnet.
Nun bitte ich Sie, von dieser Ebene Ihrem eigenen Tempo gemäß langsam wieder zurück auf die Ebene der Identität zu gehen und dort darauf zu achten, was sich verändert hat. Ich lese Ihnen die Karten mit Ihren Antworten laut vor, damit Sie sich vollkommen auf die Veränderung konzentrieren können.«
»Durch die Verbundenheit mit den anderen Therapeuten fühle ich mich auf dieser Ebene nicht allein. Das hat sich verändert. Ich bin in einem Zauberwald.«

Antworten den Ebenen zuordnen

»Nun gehen Sie bitte zurück zur Ebene des Glaubens und der Werte.«

»Auf dieser Ebene bemerke ich, dass die Menschen, die mich brauchen, den Weg zu mir finden werden und dass genau die richtigen Menschen zu mir kommen.«

»Nun gehen Sie bitte zurück zur Ebene der Fähigkeiten.«

»Auf dieser Ebene spüre ich einen Kräftezuwachs meiner Fähigkeiten in einem bisher ungeahnten Ausmaß. Der Glaube an die Menschen gibt mir die Kraft zu heilen.«

»Und nun begeben Sie sich zurück zur Ebene des Verhaltens.«

»Hier arbeite ich jetzt nicht mehr nur mit Einzelnen, sondern auch mit Gruppen, und die Arbeit am Computer nimmt im Vergleich zur Gruppenarbeit nur noch einen kleinen Teil meiner Zeit in Anspruch. Ich habe neue Schwerpunkte gesetzt.«

»Und nun gehen Sie zurück zur Ebene der Umwelt.«

»Auf dieser Ebene sind viele Menschen um mich, es wird gelacht, getanzt, und wir haben Spaß.«

Prozess reflektieren

»Nun, nachdem Sie diesen Weg zurückgelegt haben, bitte ich Sie, sich zu mir zu setzen, um den Prozess noch einmal zu reflektieren.«

Frau Schulze ist sehr gerührt. Sie möchte einige Minuten schweigen, um das Erlebte zu verinnerlichen und zu verdauen. Sie hält ihre Ressourcenkarten in der Hand. Später sagt sie, dass ihr durch diesen Prozess viele

Erkenntnisse sammeln

Dinge klar geworden sind. Ihre wichtigste Erkenntnis sei, dass der Schritt in die Selbstständigkeit der richtige Schritt war und dass gar nichts anderes für sie in Frage käme. Alle Zweifel, die sie vorher noch hatte, sind nun zerstreut. Sie hat auch keine Angst mehr vor den anfallenden Kosten, weil sie jetzt genau weiß, dass sich ihr Vorhaben tragen wird. Sie bedankt sich, und wir beenden die Sitzung.

Fragen für den Coach gemäß der »logischen Ebenen«

Die folgenden Fragen können Ihnen beispielsweise zur Coaching-Vorbereitung dienen, wenn Sie mit den »logischen Ebenen« arbeiten möchten. Schreiben Sie sich jede Ebene auf eine Karte, die Sie der Reihe nach im Raum auslegen. Notieren Sie sich die jeweiligen Antworten auf die unten genannten Fragen (so wie im Beispiel von Frau Schulz) auf weiteren Karten und platzieren Sie sie auf der entsprechenden Ebene. Wenn Sie auf der Ebene der Zugehörigkeit angelangt sind, schreiten Sie die Ebenen zurück und achten Sie auf dem Rückweg auf Veränderungen, – wie im obigen Fallbeispiel.

Fragen zur Coaching-vorbereitung

Begeben Sie sich nun auf die **Ebene der Umwelt:**
* Welchen Zeitrahmen zur Coaching-Vorbereitung brauchen Sie?
* Wo bereiten Sie sich vor?
* Mit wem bereiten Sie sich vor?
* Was sehen Sie in der Zeit Ihrer Vorbereitung?
* Was hören Sie in der Zeit Ihrer Vorbereitung?
* Was fühlen Sie in der Zeit Ihrer Vorbereitung?
* Vielleicht gibt es in dieser Zeit auch etwas, dass Sie riechen oder schmecken können.

Begeben Sie sich nun auf die **Ebene des Verhaltens:**
* Was tun Sie, um sich vorzubereiten?

Begeben Sie sich nun auf die **Ebene der Fähigkeiten:**
* Welche Fähigkeiten haben Sie, um sich vorzubereiten?

Begeben Sie sich nun auf die **Ebene der Werte und Glaubenssätze:**
* Warum bereiten Sie sich vor?
* Was ist Ihnen wichtig, wenn Sie sich vorbereiten?
* Was motiviert Sie, während Sie sich vorbereiten?

Begeben Sie sich nun auf die **Ebene der Identität:**
* Welches Selbstverständnis haben Sie, wenn Sie sich vorbereiten?
* Wer sind Sie während Sie sich vorbereiten. Suchen Sie nach einer Metapher.

Begeben Sie sich nun auf die **Ebene der Zugehörigkeit beziehungsweise Spiritualität:**

❖ Zu welchen Menschen und Ideen fühlen Sie sich zugehörig, wenn Sie sich vorbereiten?

Nachdem Sie diesen Weg zurückgelegt haben, ist es sinnvoll, den gesamten Prozess noch einmal zu reflektieren.

Wahrnehmungspositionen

In den Schuhen des anderen stehen

Oft wird im Coaching deutlich, dass in allen Gesprächen die Beziehung zwischen den Menschen und deren Kommunikation miteinander im Mittelpunkt steht. Beziehungen können wir jedoch aus unterschiedlichen Blickwinkeln wahrnehmen.

Eines der vielen NLP-Modelle, das Beziehungen reflektiert und neu gestaltet, ist das Konzept der Wahrnehmungspositionen. Es ermöglicht uns, ein besseres Verständnis für andere und ein vollständiges Bild für die Interaktion zwischen Personen und Gruppierungen zu gewinnen. Ein wichtiges Element dabei ist der Wechsel zwischen folgenden Perspektiven oder Wahrnehmungspositionen.

❖ Die Perspektive des Coachees: **Ich-Position.**
❖ Die Perspektive des Gegenübers: **Du-Position.**
❖ Die Gesamtperspektive, aus der ein Coachee die Beziehung überblickt: **Beobachter-Position.**

Wahrnehmung aus der eigenen Perspektive

Die **Ich-Position** ist die Wahrnehmung aus der eigenen Perspektive. Sie erfolgt »assoziiert«, also in Kontakt mit allen Sinnen und in meiner Rolle. Ich empfinde und spüre in dieser Position meine eigenen Werte und alle »Filter«, die mich die Welt in der für mich typischen Weise wahrnehmen lassen. Ich sehe und höre mein Gegenüber mit meinen Augen und Ohren. Ich kann meinen Körper und die im Moment dazugehörigen Gefühle fühlen. Ich weiß, wer ich bin. Mein Erleben ist unmittelbar: Denken, Handeln und Fühlen sind eins.

In dieser Position erfahre ich mich selbst. Ich lerne meine Fähigkeiten, Glaubenssätze und Werte kennen. Ich spüre meine Muster auf und lerne zunehmend mehr, sowohl über meine Stärken als auch über meine Schwächen.

In der **Du-Position** trete ich an die Stelle meines Gegenübers. Ich versuche mich in ihn hineinzuversetzen und mit allen Sinnen »so wie er« Dinge und Personen wahrzunehmen. Ich erlebe mich voll assoziiert in der Rolle meines Gesprächspartners. Ich sehe und höre den Coach mit den Augen und Ohren des Gesprächspartners. Ich spüre seine Körperhaltung und Gefühle. Mit Hilfe meiner Intuition empfinde ich sein inneres Erleben nach.

Wahrnehmung aus der Perspektive einer anderen Person

In dieser Position lerne ich ein Teil des Modells seiner Welt kennen. Ich kann sein Denken, Fühlen und Handeln nachvollziehen und nachempfinden. Allerdings sind die Informationen aus dieser Position durch mein subjektives Erleben gefiltert. Ich erfahre nicht den Gesprächspartner selbst, sondern mein Bild von ihm. Um ihm nicht meine »Wahrheit« überzustülpen, ist es wichtig, meine Hypothesen durch sinnesspezifische Wahrnehmung des realen Gegenübers zu überprüfen.

In der **Beobachter-Position** nehme ich die Position eines Beobachters ein, der die Interaktionen quasi »von außen« wie mit einer Videokamera betrachtet. Als »neutraler Beobachter« dissoziiere ich mich von meinen eigenen Empfindungen sowie vom Geschehen und nehme mich und den Gesprächspartner von außen wahr. Ich sehe und höre dessen Handlungen und Äußerungen. Beiden gegenüber empfinde ich eine Art wohl wollende Neutralität.

Wahrnehmung aus der Perspektive eines Beobachters

Von dieser Position aus überblicke ich das System, das »Wir«, das mehr ist als die Summe seiner Einzelelemente. Ich erkenne die Kommunikationsmuster und die Psychodynamik der Beziehungen. Ich nehme wahr, über welche Ressourcen die Einzelnen verfügen, welche Ressourcen in den Beziehungen zum Tragen kommen und welche eventuell noch fehlen.

Diese Position ermöglicht es beispielsweise, eigene Interaktion mit anderen Person so zu betrachten, dass mir die Spielregeln und Muster bewusst werden, die »die beiden dort« miteinander inszenieren. Die Beobachter-Position ermöglicht auch, die Regeln eines Kontextes bewusst wahrzunehmen, so wie es ein Coach oder Berater tut.

Positionswechsel sind unverzichtbar im Konfliktmanagement, im Verkauf und im Service, im Führungsverhalten und in allen Lehr- und Lernsituationen (Training, Schulung). Sie können auch mit Gruppen und Teams gewinnbringend durchgeführt werden.

Übung: Konfliktmoderation mit den verschiedenen Wahrnehmungspositionen

Diese Übung eignet sich sehr gut, wenn ein Coachee eine Konfliktsituation mit einer anderen Person näher beleuchten und klären möchte. Dazu ist es nicht notwendig, dass beide Personen anwesend sind. Es reicht die Anwesenheit des Coachees, der mit diesem Anliegen (Auftrag) zum Coach kommt.

❖ Wählen Sie eine Situation, in der Sie mit einer anderen Person eine schwierige Begegnung hatten.
❖ Finden Sie heraus, ob Sie die Situation assoziiert als »Selbst« oder dissoziiert als »Beobachter« erleben. Erfolgt die Beschreibung der Situation aus dem eigenen Erleben oder als Bericht von einer dritten Person?
❖ Versetzen Sie sich nun in die Ich-Position (Selbst) als wäre sie *jetzt* gegenwärtig. Was sehen Sie, was hören Sie und was fühlen Sie in dieser Position? Gibt es etwas, dass Sie riechen oder schmecken können?
❖ Versetzen Sie sich nun in die Du-Position (der Andere/Du). Was sehen Sie, was hören Sie und was fühlen Sie in dieser Situation? Gibt es etwas, dass Sie riechen oder schmecken?
❖ Begeben Sie sich nun in die Beobachter-Position (neutral). Nehmen Sie die beiden anderen Positionen sowie deren Beziehung zueinander wahr. Was hat sich allein durch das Einnehmen der jeweiligen Position positiv verändert? Gibt es in einer der beiden Positionen Ressourcen, die die andere Position benötigt?
❖ Gehen Sie nun zurück in die erste Position, um festzustellen, ob, und wenn ja, wie sich durch das Einnehmen unterschiedlicher Wahrnehmungspositionen beziehungsweise durch den Austausch von Ressourcen die Situation verändert hat.
❖ Denken Sie nun an eine ähnliche Situation, die sich in der Zukunft ereignen könnte, und versetzen Sie sich in sie hinein. Nutzen Sie die neue Flexibilität, wenden Sie die Fähigkeit an, sich leicht in den verschiedenen Wahrnehmungspositionen bewegen zu können.
❖ Kehren Sie mit den neuen Ressourcen aus der Zukunft ins »Hier-und-Jetzt« zurück und erzählen Sie von Ihren Erfahrungen.

Metaphern und Symbole

Metaphern und Symbole sind Instrumente der Fokussierung einer »Botschaft« und stellen damit eine elegante Möglichkeit dar, den Prozess der Veränderung zu identifizieren, darzustellen und neu zu beschreiben. Auch Interventionen enthalten häufig Metaphern und Symbole, die nicht unmittelbar fassbare Ereignisse, Handlungen und Gegenstände konkretisieren.

Symbole können im Verlauf einer beraterischen Kooperation in vielfältiger Weise gebildet und genutzt werden. Einer ihrer Vorteile ist, dass im Symbol Repräsentiertes aus der Distanz wahrgenommen oder erlebt werden kann. Gleichzeitig intensivieren Sie die Aufmerksamkeitsfokussierung auf das Thema, mit dem sie verbunden sind und ermöglichen neue Bezugsmöglichkeiten zu ihm. Ebenso sind Symbole eine rituelle Unterbrechung alter Muster und ermöglichen dadurch neue Sichtweisen, wo bisher ein Tunnelblick vorherrschte.

Durch Symbole Distanz schaffen

Wie Sie auch im folgenden Fallbeispiel sehen können, eröffnen Symbole spielerisch Chancen, neue Muster auszuprobieren.

Fallbeispiel: Arbeit mit Symbolen

Herr Rössler war Produktionsleiter eines großen Automobilunternehmens. Während des Prozesses bat ich ihn, Fähigkeiten zu nennen, die er als Ressourcen für sein Vorhaben, eine Abteilung mit zehn Mitarbeitern neu zu strukturieren, einsetzen kann. Er beschrieb sich folgendermaßen: »Ich bleibe ruhig in schwierigen Situationen. Ich bin ein guter Beobachter. Ich kann Situationen genau analysieren. Ich bin allem Neuem gegenüber aufgeschlossen. Ich gehe mit Humor an die Arbeit.«

Herr Rössler saß meistens konzentriert vorn auf der Stuhlkante mit den Händen auf dem Tisch. Er lächelte häufig. Ich bat ihn, diese Fähigkeiten in eine metaphorische Beschreibung einzubinden, in der Symbole enthalten sein konnten. Das erste Symbol, das ihm einfiel, war ein Passagierflugzeug, das ganz unterschiedliche Flughäfen und Länder anfliegt (Abwechslungsreichtum in den Aufgaben) und in dem fähige Fachkräfte (seine Mitarbeiter) in verschiedenen Bereichen (Verpflegung, Sicherheitsvorkehrungen, Service, Flugsteuerung usw.) für das Wohl der Gäste sorgen.

Metaphorische Beschreibung einbinden

Er selbst sah sich als Flugkapitän, der vom Cockpit aus das Flugzeug lenkt und immer das Ziel im Auge behält. Gleichzeitig beschrieb er es als seine Aufgabe, sich über die Arbeit und die Situation in den anderen Bereichen auf dem Laufenden zu halten, indem er sich durch kurze Gespräche informiere und manchmal auch länger bei seinen Mitarbeitern verweile, wenn es ein Anliegen gäbe.

Auf meine Frage, wie er diesen Flugkapitän bildlich beschreiben würde, fiel ihm ein Mann mittleren Alters mit einem Zwinkern in den Augen ein, der Spaß versteht und auch mitmacht. Er gibt seiner Crew Rückendeckung und steht hinter ihr, verfolgt aber auch rigoros seine Ziele beziehungsweise setzt notfalls Entscheidungen ohne Diskussionen durch.

Als ich ihn fragte, wie und wann dieser Flugkapitän den Konsens fördere oder herstelle, brachte Herr Rössler das Beispiel der außerdienstlichen Gespräche in legerer Kleidung, in denen er Crewmitglieder oder die Verantwortlichen eines Bereiches nach Vorschlägen oder ihrer Meinung fragt beziehungsweise Entscheidungsgrundlagen mit ihnen diskutiert. Sollte sich keine Einigung ergeben, würde dieser Flugkapitän auch schon mal eine Entscheidung aufschieben, bis sich ein Konsens erzielen ließe.

Vorstellungen über neue Verhaltensmöglichkeiten erfragen

Ich fragte ihn, was sein Flugkapitän tue, wenn durch schlechte Witterung, unruhige Winde und vielleicht auch durch Neulinge in der Besatzung Schwierigkeiten entstünden. Was würde er tun, wenn der Service nicht funktioniere, ein junger Steward das Essen über die Gäste verschütte oder es zu technischen Pannen käme. Herr Rössler meinte dazu, dass er im Cockpit bliebe, um sein Flugzeug sicher zum Ziel zu führen. Das Ziel und die Vollendung seiner Aufgabe behielten oberste Priorität. Den Konflikt würde er delegieren, indem er seinen Co-Piloten zu den betroffenen Bereichen schicken würde. Er könne aber auch zum Beispiel mit einer erfahrenen Stewardess vereinbaren, dass sie ihren neuen Kollegen unterstütze und ihm helfe, beim Essenausteilen in weniger Stress zu geraten und sich besonnener und geschickter zu verhalten.

Herr Rössler erwähnte erneut seine Fähigkeit, Situationen genau analysieren und daraus Prioritäten ableiten zu können. Diese Fähigkeit wolle er jedoch gern verbessern. Es gelänge ihm nicht immer, bei Interessenskonflikten zu unterscheiden, wann er Weisungen geben oder lieber den Konsens herstellen solle. Es sei in der Vergangenheit immer wieder zu Konfrontationen und Widerständen gekommen, die eine (seine) Entscheidung blockiert und viel Energie gekostet hätten.

Auf meine Frage, wie er mit diesen Widerständen bisher umgegangen sei und wie sein Flugkapitän seine Leute von seiner Sicht der Dinge überzeuge, brachte Herr Rössler folgendes Beispiel.

Angenommen, es gäbe Probleme im Cockpit: Er als Kapitän bemerke Turbulenzen und weise den Co-Piloten auf die Gefahr hin, dass die Fahrgäste sich jetzt durch ein zu ruckartiges Hinabsinken des Flugzeuges verletzen könnten. Der Co-Pilot fühle sich jedoch durch die entstandene Situation angespornt und möchte sein Können unter Beweis stellen. Er erwidere, dass er keine Anweisungen brauche, da er durch seine bisher gesammelten Erfahrungen durchaus in der Lage sei, diese Situation und ihre Gefahren souverän einzuschätzen und dementsprechend zu reagieren.

Ich fragte Herrn Rössler, wie er seinen Co-Piloten in diesem Moment wahrnehmen würde.

Herr Rössler sagte, dass er die Absicht seines Co-Piloten, vor ihm sein Können unter Beweis zu stellen, in einer anderen Lage durchaus positiv bewertet hätte, aber in dieser gefährlichen Situation stünde für ihn als Flugkapitän die Sicherheit der Fluggäste an erster Stelle. Aus diesem Grund sähe er sich gezwungen, seinem Co-Piloten scharfe Anweisungen zu geben und jede weitere Auseinandersetzung zu vermeiden. Erst nach der Landung wäre der richtige Zeitpunkt, um die Situation mit ihm auszuwerten.

Eindruck verschaffen

Ich gab ihm an dieser Stelle das Feedback, dass ich nach seiner Schilderung das Gefühl hatte, er habe als Kapitän das Vertrauen in seinen Co-Piloten verloren.

Herr Rössler stimmte zu, er habe als Flugkapitän eine innere Empörung und Ablehnung gegenüber dem Verhalten des Co-Piloten gespürt. Auf der anderen Seite könne er sich mit seinem eigenen Vorgehen nicht ganz identifizieren, weil er sich dabei wie »der Herr Oberlehrer mit dem erhobenen Zeigefinger« vorgekommen sei.

Ich fragte Herrn Rössler, was passiert wäre, wenn er in dieser Situation nicht so scharf reagiert hätte und einen Konsens gesucht hätte. Durch diese Frage wurde ihm bewusst, dass seine analytischen Fähigkeiten ihm erlaubten, Interessenskonflikte sofort zu erkennen und sie zu unterbinden, wenn die Situation es erforderte.

Dies war ein wichtiger Moment im Coachingprozess, da Herr Rössler ganz deutlich erkannte, dass es in diesem Moment wichtiger war, für das Wohl der Fluggäste zu sorgen, als den Konsens mit seinem Co-Piloten zu suchen und sich auf eine Auseinandersetzung mit ihm einzulassen. Er zog für sich das Fazit: »Wenn ich vorher die Prioritäten kläre, gebe ich auch mit einem guten Gefühl Anordnungen, obwohl ich sonst eher für eine Konsensbildung bin.«

Am Ende der Sitzung zeigte Herr Rössler mir seinen Schlüsselanhänger, an dem ein winziges Flugzeug hing. Er lächelte und sagte: »Ich muss zugeben, zuerst fiel es mir schwer, ein Symbol für die Situation zu finden. Dann ist mir mein Schlüsselanhänger eingefallen. Durch diese Brücke ist mir die metaphorische Beschreibung viel leichter gefallen. Dieses kleine Symbol wird mich immer wieder daran erinnern, dass bei mir das Bewusstmachen von Prioritäten an erster Stelle steht.«

Symbole als positive Anker setzen

Wie Sie im Einzelcoaching Prozesse symbolisieren können, wurde im obigen Beispiel verdeutlicht. In den folgenden Übungen geht es um symbolische Prozesse im Gruppencoaching. Die folgende Übung können Sie in einem Gruppencoaching mit drei bis sechs Personen anwenden.

Übung: Das Symbolisieren von Prozessen

❖ Zuerst lassen Sie sich von der Gruppe das Problem beziehungsweise Anliegen genau erläutern. Dann stellen Sie die folgende Aufgabe an die Gruppe: »Wenn das benannte Problem ein Bild wäre, wie sähe dieses Bild aus? Lassen Sie sich von Ihren inneren Impulsen inspirieren und erarbeiten Sie dieses Bild in der Gruppe.«

❖ Anschließend bekommt die Gruppe die Aufgabe, ein zweites Bild zu malen. Dieses Bild soll ein Alternativsymbol für das gewünschte Lösungserleben sein. (Pro Bild 45 Minuten)

❖ Im nächsten Schritt werden diese beiden Bilder dann nebeneinander gelegt, um anschließend auf neuen Blättern aus dem Vergleich der ersten beiden Bilder wiederum ein neues Bild für die Lösung des Problems zu entwickeln. Es soll die Prozessentwicklung vom Symptom bis zum Lösungserleben aufgezeichnet werden. (45 Minuten)

❖ Nachdem Sie die bisherigen Ergebnisse im Plenum mit der Gruppe ausgewertet haben, fordern Sie die Gruppe in einem letzten Schritt auf, Ressourcen für ihren Prozess zu suchen. Die Aufgabe für die Gruppe lautet, ein Symbol oder ein weiteres Bild für den Prozess zu finden, der die gewünschte Lösung begünstigen würde. (30 Minuten)

❖ Anschließend führen Sie die Gruppe zu einer Gesamtprozessauswertung, wobei Sie als Coach über Ihre Beobachtungen während der Prozessphase reflektieren. Die Teilnehmer stellen mit den erarbeiteten Bildern beziehungsweise Symbolen den Transfer zu ihrem Alltag her.

Tipp: Sie sollten beobachten, wie jeder zu sich selbst und zu anderen in Beziehung tritt, ob sich die Teilnehmer untereinander bereits im Vorfeld abwerten und/oder ob einzelne Teilnehmer sich unter Druck gesetzt fühlen.

Reframing

NLP versteht sich als Methode, Wahlmöglichkeiten zu vergrößern. Das entsprechende Werkzeug wird »Reframing« genannt. Reframing wird als »Prozess des Umdeutens beschrieben, des Einnehmens einer neuen Perspektive, einer neuen Art der Wahrnehmung, einer neuen Interpretation.« (Ötsch/ Stahl 1997, S. 163).

Die Idee, die hinter dem »Umrahmen«, im Sinne von »einen anderen Rahmen geben«, steht ist, dass ein Ereignis, eine Aussage oder ein Verhalten, seine Bedeutung abhängig von seinem Kontext entfaltet. Was für einen bestimmten Zusammenhang gilt und sinnvoll ist, wirkt auf einen anderen Kontext übertragen vielleicht unstimmig oder entmutigend. Da die Übertragung nicht bewusst vollzogen wird, sind diese selbst erzeugten Begrenzungen sehr wirksam und dauerhaft. Mit der Methode des Reframens tun wir Ähnliches – aber bewusst und mit dem Ziel, einen positiven Zugang zur eigenen Geschichte und zu unseren Zukunftsplänen zu gewinnen.

Den Dingen einen anderen Rahmen geben

Wenn ich einen Zustand, ein Verhalten oder ein Gefühl in neuem Licht sehe, verändere ich meist auch meine Einstellung dazu. Ich beginne, mich mit dem vorher als problematisch angesehenen Zustand auszusöhnen. Das ist auch an meiner Physiologie erkennbar. Thies Stahl prägte dafür den Ausdruck »Versöhnungsphysiologie«. Erst, wenn es zu dieser physiologischen Veränderung kommt, hat ein Reframing wirklich stattgefunden.

Bedeutungsreframing

Im NLP gibt es zwei verschiedene Arten von Reframing, das Bedeutungs- und das Kontextreframing. Im Bedeutungsreframing wird für ein als problematisch erlebtes Verhalten eine andere, passendere Bedeutung gefunden. Dabei geht es vor allem um die emotionale Bedeutung eines Ereignisses oder einer Wahrnehmung. Die Situation und der Kontext bleiben jedoch dieselben. Dazu dienen unter anderem Fragen nach der positiven Folge des Verhaltens, nach dem sekundären Gewinn, den ein Symptom mit sich bringt. Beispielsweise könnte das unerwünschte Phänomen »Krankheit« folgende nützliche Effekte und versteckte positive Intentionen enthalten:

Eine andere Bedeutung für ein problematisches Verhalten

❖ Man kann sich endlich einmal um sich selbst kümmern, sich Zeit für sich nehmen oder eine Verschnaufpause machen.
❖ Man erfährt Zuwendung und Aufmerksamkeit von Freunden/der Familie.
❖ Krankheit kann als Signal dafür gedeutet werden, dass man etwas Grundsätzliches in seinem Leben verändern sollte.

Weitere Beispiele für Reframing sind:

❖ Jemand, der zu viel redet wird als jemand umgedeutet, der viel zu sagen hat, weil er intelligent ist.

❖ Ein General soll gesagt haben: »Wir ziehen uns nicht zurück, wir gehen nur in eine andere Richtung.«

❖ Eine Mutter ärgert sich über die schmutzigen Fußabdrücke ihrer Kinder auf dem Teppich. Sie gibt diesen Abdrücken die Bedeutung: »Niemand respektiert mich«. Reframed könnte es heißen: Fußabdrücke auf dem Teppich bedeuten, liebe Menschen sind im Haus!

Übung: Reframing

Wenn Sie das Reframing ausprobieren möchten, dann finden Sie jetzt andere Interpretationen für folgende Aussagen:

1. Mein Chef schreit mich andauernd an.
2. In diesem Jahr musste ich 20 Prozent mehr Steuern zahlen als im vergangenen.
3. Jedes Mal, wenn ich kurz vor einem Erfolg stehe, mache ich ihn mir selbst kaputt.

Ihre Lösungen:

Zu 1.: _____

_____

Zu 2.: _____

_____

Zu 3.: _____

_____

Mögliche Lösungen wären:

Zu 1.: Ich bekomme sehr viel Aufmerksamkeit und Energie von meinem Chef.
Zu 2.: Da muss ich ja eine Menge mehr verdient haben, als im letzten Jahr!
Zu 3.: Mein Erfolg ist ganz nah und ich habe Einfluss darauf, nun muss ich nur noch meine Strategie ändern.

Kontextreframing

Das Kontextreframing geht in eine andere Richtung als das Bedeutungsreframing. Hier ist die Vorannahme, dass jedes auch noch so problematisch erscheinende Verhalten in irgendeinem Rahmen sinnvoll ist oder war. Bei dieser Technik wird das alte, »unerwünschte« Verhalten in eine andere/neue Situation transportiert, in die es passt. Für die Ausgangssituation wird dann ein neues, adäquateres Verhalten entwickelt. Die Veränderung erfolgt hier vor allem über die Veränderung des äußeren Rahmens. Ein Kontextreframing bietet sich an, wenn ein Problem in Form eines unvollständigen Vergleiches auftaucht: »Ich habe zu wenig Zusatzausbildung!« oder in Form einer Verallgemeinerung formuliert wird: »Ich bin zu sesshaft!«

Neue Situation für unerwünschtes Verhalten

Ein **unvollständiger Vergleich** liegt vor, wenn der mutmaßliche Mangel nicht in Bezug zu dem gesetzt wird, wofür der Betroffene sich für »zu dick«, »zu dumm«, »zu langsam« hält. Die Suche des Reframers geht dahin, diesen Vergleichsmaßstab in einem anderen Kontext zu suchen und zu benennen.

A: Ich bin zu dick.
B: Stimmt. Durch ein Schlüsselloch würden Sie nicht passen.

Eine **Verallgemeinerung** liegt bei einer unendlichen »Zeitschiene« vor.

A: Immer wenn Menschen nett zu mir sind, wollen sie etwas von mir.
B: Stimmt. Wenn immer alle Menschen nett wären, wäre es unerträglich.

Die Suche des Reframers geht in Richtung eines Zusammenhangs, in dem die Eigenschaft eine Ressource darstellt, also nützlich und angebracht ist. Beim Kontextreframing wird somit ein unerwünschtes Verhalten oder der unerwünschte Zustand in einen dafür passenden Rahmen eingeordnet. Angenommen, ein Personalleiter beklagt sich, dass er sich bei der Vorbereitung von Vorstellungsgesprächen mit Informationen über die Bewerber überschüttet fühlt. Dadurch falle es ihm schwer, sich auf das Wesentliche zu konzentrieren. Das Verhalten »Unkonzentriertheit« ist an sich noch nichts Negatives. Es ist vielmehr in bestimmten Situationen sogar nützlich. So kann »Unkonzentriertheit« vor einer Präsentation von großem Vorteil sein. In Form von Aufregung oder Lampenfieber ist »Unkonzentriertheit« beispielsweise eine kreative Stärke, die alle nötigen Kraftreserven mobilisiert. Der Personalleiter braucht also diese kreative Stärke, um sich während der Bewerbungsgespräche auf das Wesentliche konzentrieren zu können.

Übung: Kontextreframing

Das Ziel dieser Übung ist es, in fünf Schritten eine schwierige Führungssituation in einen neuen Rahmen zu bringen.

❖ Beschreiben Sie in Stichworten eine selbst erlebte schwierige Führungssituation.

❖ Analysieren Sie die oben beschriebene Führungssituation nach folgenden Gesichtspunkten: Wer ist Ihr Konfliktpartner und wie verhält er sich konkret? Welche positive Absicht hat dieses Verhalten für den Konfliktpartner?

❖ Was können Sie tun, damit der Konfliktpartner seine positive Absicht erreicht, ohne dass er das konfliktauslösende Verhalten praktizieren muss?

❖ Arbeiten Sie den positiven Aspekt des konfliktauslösenden Verhaltens des Mitarbeiters für sich selbst heraus. In welcher Situation könnte das Verhalten für Sie nützlich sein?

❖ Bilden Sie Dreiergruppen, präsentieren Sie ein Beispiel in der Gruppe und diskutieren Sie es mit Ihren Kollegen.

Timeline (Zeitlinie)

> »Jeder denkende Mensch wird allemal Wahrheit finden. – Er mag ausgehen, wo, und gehen, wie er will.«
>
> *(Novalis)*

Das Konzept der Timeline ist in seinen Grundzügen in Kapitel 1 »Ansätze für das systemische Coaching« vorgestellt worden. Jetzt geht es um die praktische Nutzung. Die Arbeit mit der Timeline ist eine effiziente Methode, um bei einem konkreten Problem des Coachees eine Verhaltensveränderung herbeizuführen. Sie unterstützt – insbesondere durch die Systematisierung des Problemverlaufs – das zielgerichtete und lösungsorientierte Handeln in der Zukunft (s. S. 143, Fallbeispiel).

Um diesen Prozess vereinfacht darzustellen, nutze ich die Zeitlinie gern in Form eines Diagramms. Eine Achse zeigt die Anzahl der Lebensjahre und die andere Achse das Plus und Minus des Grades der Lebenszufriedenheit. Die Lebensabschnitte wie Geburt, Grundschule, Gymnasium, Studium, Beruf usw. werden dem Alter entsprechend zugeordnet (so steht zum Beispiel Grundschule auf der Zeitachse zwischen sechs bis zehn Jahren). In diese jeweiligen Lebensabschnitte werden signifikante Erlebnisse eingetragen. Dazu können die Geburt von Geschwistern, Stress in der Schule, der Tod eines Familienangehörigen, die Hochzeit usw. gehören. Je nachdem, wie das jeweilige Ereignis erlebt wurde, wird es höher oder niedriger in der Achse der Zufriedenheit eingetragen. Wenn die Punkte hinterher mit einem Strich verbunden werden, ergibt sich die Zeitlinie des Coachees mit all ihren Höhen und Tiefen.

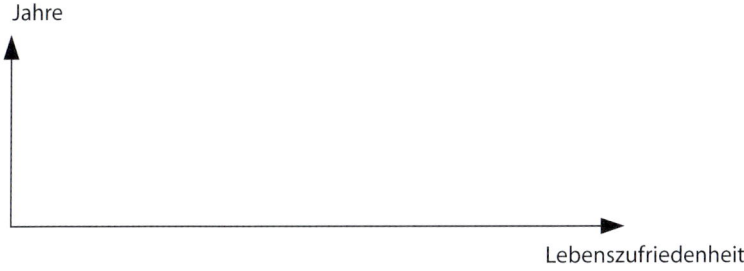

Im Coaching können Sie die Lebensabschnitte auf das Problem bzw. das Anliegen des Coachees reduzieren. Ich nehme dafür zum Beispiel eine Tabelle mit den Spalten »Alter«, »Situation«: »Was haben Sie gemacht?« und »Was hat es bewirkt?« zur Vorbereitung. Es reicht aus, im Alter von fünf Jahren zu beginnen und bis zum jeweiligen Alter Ihres Coachees weiterzugehen.

Ich arbeite gern mit der Zeitlinie, wenn ich einen Coachee in seinem Veränderungsprozess begleite. In diesem Fall schlage ich meist vor, im Raum drei Karten auszulegen, die Vergangenheit, die Gegenwart und die Zukunft symbolisieren. Diese Karten können Sie entsprechend beschriften. Ich frage, wo sich im Raum die Vergangenheit, wo sich die Gegenwart und wo sich die Zukunft befindet. Häufig legt der Coachee die Karte der Zukunft in Richtung Fenster, um sich imaginär alle Möglichkeiten offen zu halten. Wenn wir dann gemeinsam die verschiedenen Abschnitte seines Lebens erkunden, an denen der Coachee in der Vergangenheit Referenzerfahrungen für seine besonderen Ressourcen und Fähigkeiten gesammelt hat, bewegen wir uns über die entsprechenden Lebensabschnitte bis zur Gegenwart und dann zur Zukunft, um Kraft zu tanken und die Zukunft neu zu gestalten.

Veränderungsprozess: Vergangenheit, Gegenwart, Zukunft

Am folgenden Fallbeispiel möchte ich Ihnen diesen Vorgang verdeutlichen und zeigen, wie ich konkret an der Zeitlinie eines Coachees gearbeitet habe, um Ressourcen für eine zukünftige, als problematisch empfundene Situation zu sammeln.

Fallbeispiel: Arbeit mit der Zeitlinie

Eine Abteilungsleiterin kam zu mir, weil sie einen Fehler in der Abrechnung gemacht hatte. Nun musste sie diesen Fehler vor dem Vorstand rechtfertigen. Vor diesem Gespräch suchte sie mich auf, um sich zu stärken. In diesem Setting war es nicht wichtig, detaillierte Informationen über den Vorgang an sich zu bekommen.

Zunächst bat ich sie, drei Kärtchen mit der Vergangenheit, der Gegenwart und der Zukunft auszufüllen und diese Kärtchen im Raum dort auszulegen, wo sie jeweils die drei Zeiten zu finden glaubte. Die Vergangenheit begrenzten wir auf ihren Arbeitsbeginn in der Firma. Ihr Ziel in der Zukunft war es, selbstbewusst und gestärkt in dem Gespräch mit dem Vorstand aufzutreten.

Danach habe ich sie bei allen drei Positionen in das assoziierte Erleben geführt. Wir begannen mit der Vergangenheit. Ich fragte sie, welches Jahr, welcher Monat, welcher Tag es war, wie sie gekleidet war, wie sie sich fühlte an ihrem ersten Arbeitstag als Sachbearbeiterin in der Buchhaltung, und nach allem, was sie wahrgenommen und gesehen hatte. Ich ließ mir ihr Büro und ihren Arbeitsplatz beschreiben.

Aus der Vergangenheit Kraft tanken für die Zukunft

»*Es liegt sechs Jahre zurück. Ich bin guter Dinge, freue mich auf meine neue Arbeit. Mein Arbeitsplatz gefällt mir, ich habe ein großes helles Büro. Ich sitze allein im Büro. Es stehen Blumen zur Begrüßung auf dem Tisch und die Mitarbeiter der Abteilung stellen sich vor, lachen, sind freundlich und nett zu mir.*«

Dann ließ ich sie langsam auf ihrer Zeitlinie aus der Vergangenheit in Richtung Zukunft gehen. Währenddessen sollte Sie sich alle schönen Erlebnisse, bei denen sie besondere Fähigkeiten entwickelt hatte, in Erinnerung rufen, und ich bat sie auch, diese jeweils zu benennen.

Ein Vierteljahr später blieb sie stehen und erinnerte sich an eine Situation, in der sie nach kurzer Einarbeitungszeit einen strukturellen Verbesserungsvorschlag zur Abrechung machte, der von allen als sehr nutzbringend angesehen wurde und eine Erleichterung für die weitere Arbeit darstellte. – Diese Situation schrieb ich stichpunktartig auf ein Kärtchen und legte es auf den Punkt ihrer Zeitlinie, wo sie gerade stand. Ich forderte sie nun auf, weiterzugehen, um weitere Ressourcen zu sammeln.

Nach anderthalb Jahren blieb sie stehen und berichtete, dass ihr auf Grund einer Fusionierung mit einer anderen Firma ein neues Aufgabengebiet anvertraut wurde, das sie sehr schnell überblickte und als Herausforderung und auch als Anerkennung für ihre geleistete Arbeit ansah. Diese Anerkennung beflügelte sie geradezu.

Sie ging weiter. Ein Jahr später blieb sie stehen und erinnerte sich an ihre Beförderung zur Abteilungsleiterin auf Grund ihrer guten und sehr strukturierten Arbeit. Sie berichtete über diese Situation, die ich wiederum auf einem weiteren Kärtchen mit Stichpunkten des Geschehens zeitlich festhielt. Sie hatte vier, ihr unterstellte Mitarbeiter, zu denen sie in einem sehr guten Verhältnis stand. – Während sie berichtete, veränderte sich ihre

Physiologie. Sie war aufgelockert, lachte und freute sich an den angenehmen Erinnerungen. Kurz bevor sie bei der Gegenwart ankam, veränderte sich ihre Physiologie. Sie stockte bevor sie weiterging. Als ich sie nach ihrem jetzigen Erleben fragte, erzählte sie, dass ihr in diesem Moment der Abrechnungsfehler passierte.

Ich forderte sie auf, erst einmal einen großen Schritt zur Seite zu machen, um ihre Zeitlinie neben sich zu lassen und von dort aus in die Gegenwart zu gehen, um diese Situation zu überspringen. In der Gegenwart angekommen, sammelte ich für sie die Ressourcekarten ein und übergab ihr jede einzeln, indem ich die Inhalte der Ereignisse wiederholte und ihre Leistung noch einmal würdigte.

Wir verließen ihre Zeitlinie und setzten uns auf Stühle am Rand des Raumes, damit sie von dort aus den bisherigen Prozess noch einmal reflektieren konnte.

Ich erklärte ihr meine Intervention mit dem großen Schritt aus der Zeitlinie heraus, indem ich ihr deutlich machte, dass ihr Auftrag an mich lautete, nicht über den Abrechnungsfehler zu sprechen, sondern sie für das Gespräch mit dem Vorstand zu stärken. Dann fragte ich sie in dieser Position, was sie jetzt noch brauchte, um gestärkt und ressourcevoll in dieses Gespräch mit dem Vorstand zu gehen.

An diesem Punkt wurde sie noch einmal sehr nachdenklich und antwortete, dass sie Selbstvertrauen für dieses Gespräch benötige. Um sie zu unterstützen, aktivierte ich nochmals ihre ressourcevollen Referenzerfahrungen und fragte gezielt nach Rückmeldungen der Mitarbeiter in den jeweiligen Situationen. Dieses positive Feedback motivierte sie. Vor allem ihre Stellvertreterin bestätigte sie darin, wie gut sie ihre Aufgaben managte und dass sie genau die richtige Frau an der richtigen Stelle wäre. – Diese ressourcevollen Rückmeldungen schrieb ich ebenfalls auf ein Kärtchen. Danach fragte ich sie, was sie sich jetzt noch Gutes tun könne.

Ressourcevolle Referenzerfahrungen nutzen

Sie antwortete, dass es besser wäre, nicht zu viel zu grübeln und wieder in ihren normalen Zustand zurückzukehren. Als normal bezeichnete sie für sich Aufgeschlossenheit, Freundlichkeit, Konzentriertheit.

Danach bat ich sie, alle Ressourcen von der Gegenwart aus in die Zukunft zu legen – bis zum Gespräch mit dem Vorstand.

Es lagen noch 14 Tage vor diesem Termin. Um aus ihrer Vergangenheit zu lernen, bat ich sie mit den Karten in der Hand den Weg in ihre Zukunft zu gestalten, um sich für das Gespräch mit dem Vorstand aufzubauen und vorzubereiten. Dort machte sie noch einmal einen Zwischenstopp und erzählte mir, dass es ihr an dieser Stelle sinnvoll erschien, sich noch einmal mit ihrer Stellvertreterin über den Vorfall zu unterhalten, um aus dem Feedback Ideen und Kraft zu sammeln.

Voller Energie in die Zukunft

Mit den geschaffenen Ressourcen war die Abteilungsleiterin gestärkt und voller Energie für das Gespräch mit dem Vorstand, dass sie jetzt imaginierte. Sie konnte sich vollständig auf die zukünftige Situation einlassen und berichtete assoziiert aus der Zukunft über den von ihr geführten Gesprächsverlauf, indem sie Stellung zu ihrem Fehlverhalten nahm. Es klang klar und eindeutig, als sie mit fester Stimme über ihre bisherigen Erfolge in der Firma sprach, und war für mich stimmig.

Danach gingen wir noch einmal zurück auf die Stühle, setzten uns und reflektieren den Gesamtprozess. Mein Coachee war sichtlich erleichtert. In unserer Reflektion fragte ich sie, was ihr am Prozess gut tat und welche Ressourcen besonders wichtig für die Veränderung waren. Ihre Antworten schrieb ich auf ein Flipchart.

Fähigkeiten analysieren

Durch die Arbeit mit der Zeitlinie fiel es ihr viel leichter, ihre Fähigkeiten zu analysieren und sich ihrer Ressourcen bewusst zu werden. Um diesen guten Zustand nachhaltig in Erinnerung zu behalten, rollte ich das Flipchart zusammen, band es mit einer Schleife zusammen und übergab es ihr als Ergebnis ihrer Arbeit.

Die beiden folgenden Übungen dienen vor allem dazu, Ihr bisheriges Leben systematisch darzustellen, sodass Sie sich einen Überblick über Ihren Lebenslauf verschaffen können, um damit ein Gespür für Ihre Lebenszeit zu bekommen.

Die Übungen können sowohl mit Einzelnen als auch mit Gruppen durchgeführt werden.

Übung: Arbeit mit der Zeitlinie – *Motivation*

❖ Legen Sie für sich gedanklich auf dem Boden eine imaginäre Zeitlinie aus, die Ihr bisheriges Leben darstellt. Markieren Sie Vergangenheit, Gegenwart und Zukunft durch Kärtchen und legen sie im Raum aus. Schreiten Sie diese Etappen nun tatsächlich langsam ab. Beginnen Sie im Alter von fünf Jahren.

❖ Halten Sie jeweils in dem Alter an, für das Ihnen eine Situation einfällt, in der Sie jemanden motiviert haben.

❖ Nun erinnern Sie sich genau an diese Situation, in der Sie jemanden motiviert haben, und gestatten Sie den Erinnerungen, sich in diesem Moment zu entfalten als erlebten Sie sich neu. Nehmen Sie dabei alles auf, was Sie sehen, hören, spüren.

Aus dieser Situation heraus beantworten Sie jeweils die folgenden Fragen: Wie haben Sie das gemacht (welche Motivationsfähigkeiten können Sie bewusst reflektieren)? Was ist genau passiert, was hat es bewirkt?

❖ Wenn Sie an Ihrem jetzigen Alter angelangt sind, gehen Sie weiter in Richtung Zukunft.

❖ Halten Sie jeweils an den zukünftigen Punkten an, die wichtig für Situationen sind, in denen Sie andere Menschen für Ihre Sache motivieren. Tun Sie so, als ob Sie sich schon jetzt in einer solchen Situation befänden und nehmen Sie alles auf, was es dabei zu sehen, zu hören und zu spüren gibt.

Aus dieser Situation heraus beantworten Sie jeweils folgende Fragen: Welche Ihrer Motivationsfähigkeiten nutzen Sie in dieser Situation? Was genau passiert? Welche Auswirkungen hat Ihre Reaktion?

Durch den ersten Teil der Übung, in dem Sie den Weg von der Vergangenheit bis in die Gegenwart beschreiten, haben Sie bereits viele Ihrer Motivationsfähigkeiten aktiviert. Diese können Sie daher im zweiten Teil (Gegenwart zur Zukunft) nutzen und weiterentwickeln. So sind Sie gut auf zukünftige Situationen vorbereitet.

Diese Übung lässt sich auf verschiedene Weise modifizieren. Als Nächstes stelle ich Ihnen eine Form vor, die in einer Zweiergruppe durchgeführt werden kann und Ihre Führungsqualitäten näher beleuchtet.

Diese Übung nutze ich vor allem, wenn ich beispielsweise zwei Führungskräfte derselben Ebene im Coaching habe. Sie lernen sich dadurch besser kennen und können sich im Prozess gegenseitig unterstützen.

Übung: Arbeit mit der Zeitlinie – Führungsqualität

Legen Sie für sich gedanklich auf dem Boden eine imaginäre Zeitlinie aus, die Ihr bisheriges Leben darstellt. Markieren Sie die Vergangenheit, Gegenwart und Zukunft durch Kärtchen, die Sie im Raum auslegen. Schreiten Sie sie nun tatsächlich langsam ab. Beginnen Sie im Alter von fünf Jahren.

Halten Sie jeweils in dem Alter an, für das Ihnen eine Situation einfällt, in der Sie jemanden geführt haben. Erinnern Sie sich genau.

Sie arbeiten in Zweiergruppen, wobei Teilnehmer A seine Zeitlinie abschreitet und die Fragen beantwortet und Teilnehmer B die Antworten notiert. Pro Durchgang haben Sie 30 Minuten Zeit.

Nun erinnern Sie sich genau an eine Situation, in der Sie jemanden geführt haben, und gestatten Sie der Erinnerung, sich in diesem Moment zu entfalten, so als ob Sie sie neu erleben. Nehmen Sie dabei alles auf, was sie sehen, hören, spüren.

Beantworten Sie jeweils die folgenden Fragen: Wie haben Sie das gemacht (welche Führungsfähigkeiten können Sie bewusst reflektieren)? Was ist genau passiert, was hat es bewirkt?

Nutzen Sie für beide Übungen die folgende Tabelle, um Ihre Gedanken einzutragen.

Alter	Situation?	Was genau haben Sie gemacht?	Was hat es bewirkt?
5			
10			
15			
20			
25			
30			
35			
40			
45			
50			

Wenn Sie an Ihrem heutigen Alter angelangt sind, gehen Sie weiter in Richtung Zukunft. Halten Sie jeweils an den zukünftigen Punkten an, wo Sie meinen, dass es wichtig ist, andere Menschen für Ihre Sache zu motivieren.

Tun Sie so, als ob Sie sich schon jetzt in dieser Situation befänden und nehmen Sie alles auf, was es dabei zu sehen, zu hören und zu spüren gibt.

Aus dieser Situation heraus beantworten Sie jeweils folgende Fragen: Welche Ihrer Führungsqualitäten nutzen Sie in dieser Situation? Was genau passiert? Welche Auswirkungen hat Ihre Reaktion?

Kapitel 5
Die Abschlussphase

Beendigung des Einzelcoachings

Selbstbewusstsein stärken

Das Ziel eines jeden Coachings ist es, das Selbstbewusstsein des Coachees zu stärken und ihm für sein Verhalten mehr Wahlmöglichkeiten anzubieten. Erst wenn ich die Gewissheit habe, dass er das, was er beim Coaching gelernt hat, in der Zukunft auch anwenden und umsetzen wird, kann ich mit einem guten Gefühl den Abschluss vornehmen.

In der Abschlussphase, für die ich bereits am Anfang des Coachings eine ganze Sitzung einplane, entlässt der Coach den Coachee in ein Geschehen, das sich neu ergibt und mit neuen Bedeutungen belegt sein wird. Daher ist es wichtig, diesen Übergang in eine andere, selbstständige Phase (der Coachee wird zu seinem eigenen Coach) weich zu gestalten und das Coaching an dieser Stelle nicht abrupt abbrechen zu lassen. Viel wirksamer und nachhaltiger ist es, das Ende der Begegnungen als etwas Bedeutsames zu markieren und dem gesamten Prozess mit den durchlaufenen Veränderungen eine tiefere Dimension zu verleihen.

Das Abschiedsritual kann sehr viel Bedeutung erlangen

Diese besondere Bedeutung kann durch ein Abschiedsritual erreicht werden. Dazu ist es gut, dem Coachee zu erklären, dass der Alltag, auch im Business, voller Rituale ist. Dies manifestiert sich zum Beispiel in ständig wiederkehrenden Begrüßungszeremonien, Firmenjubiläen, Ein- und Ausständen. Die Durchführung von Alltagsritualen in der Gesellschaft ist notwendig, um das seelische und soziale Gleichgewicht zu erhalten. In Zeiten von Unsicherheit und in Lebenskrisen (zum Beispiel der Pubertät, Verlust eines Freundes) sind Übergangsrituale eine wichtige Hilfe für die Bewältigung und erleichtern die Weiterentwicklung der Persönlichkeit. Auch positiv besetzte Übergänge (beispielsweise Hochzeit oder Taufe) werden ritualisiert und gefeiert, um bestimmte Zeiträume zu markieren und zu würdigen. Auf diese Weise wird der Zäsur im Leben eine besondere Bedeutung beigemessen.

Für die offizielle Beendigung eines Einzelcoachings nutze ich als Ritual gern eine Urkunde. Doch bevor ich sie dem Coachee überreiche, gehe ich mit ihm noch einmal den gesamten Prozessverlauf durch, und wir reden darüber, wie wir uns als Coach und Coachee gegenseitig wahrgenommen haben und welche Sequenzen besonders hilfreich für den Prozess waren. Dazu stelle ich häufig die Skalierungsfrage, die ich dem Coachee auch zu Beginn des Coachings stelle, um zum Abschluss Vergleichskriterien zu haben. Ich bitte den Coachee, sich auf der Skala von 0 bis 10 im Vergleich zum Anfang des Coachings einzuordnen. Null soll den Zustand darstellen, in dem er sich zur Zeit unseres ersten Treffens befand. Zehn dagegen soll bedeuten, dass sein von uns behandeltes Problem gelöst ist. So stellen wir gemeinsam fest, an welcher Stelle er sich nun befindet.

Skalierungsfrage
Vergleichskriterien

Ebenso spreche ich ihn darauf an, ob er sich zu einem späteren Zeitpunkt noch eine Nachbetreuung wünscht, um beispielsweise nach einem halben Jahr auch die neuen Veränderungen zu reflektieren. Wenn ja, kann schon jetzt ein Termin angesetzt werden. Diese Option lasse ich ihm auf jeden Fall offen.

Nachbetreuung kann
wünschenswert werden

Ist dies alles geschehen, bietet mir die Abschlussurkunde eine gute Möglichkeit dazu, die persönliche Entwicklung des Coachees kronstruktiv zusammenzufassen und zu würdigen. Damit hebe ich noch einmal hervor, was ich an ihm schätze, was ich ihm für die Zukunft empfehle und welche Veränderungen er meiner Überzeugung nach in die Zukunft transferieren wird.

Damit auch Sie mit einer solchen Urkunde arbeiten und sich die Abschlussphase besser vorstellen können, finden Sie auf der nächsten Seite ein beispielhaft ausgefülltes Muster.

für Frau/Herr

Mustermann

Ich schätze an Ihnen:

Ihre Kreativität, Ihre in sich ruhende Art, Ihre Offenheit und Ihren Humor.

Ich empfehle Ihnen für die Zukunft Folgendes häufiger zu tun:

Mehr Vertrauen in Ihre Kompetenz zu haben, auch die positiven Äußerungen Ihrer Mitarbeiter über Ihren Führungsstil anzunehmen, Ihre Intuition als Ratgeber bei wichtigen Entscheidungen hinzuzuziehen.

Ich bin überzeugt davon, dass Sie:

Mit Ihren Mitarbeitern durch Ihre humorvolle Art noch sehr viel Spaß haben werden, dass Sie noch weitere berufliche Veränderungen erleben werden und dass Sie das Loslassen genießen können.

_____

Unterschrift

Beendigung des Gruppencoachings

Bei einem Gruppencoaching verwende ich, um das Abschiedsritual in der Abschlussphase zu gestalten, gern das Phasenschema nach Onno van der Hart. Dieses Schema ist aufgeteilt in »Vorbereitungsphase«, »Neuordnungsphase«, »Abrundungsphase«, »Reinigungsphase« und »Wiedereingliederungsphase«. Im Folgenden stelle ich Ihnen dieses sehr nützliche Abschiedsritual nur als Grobschema vor, damit Sie es kennen lernen und in der Praxis je nach Gruppengröße individuell verändern und ergänzen können.

❖ **Vorbereitungsphase**

In der Vorbereitungsphase bereite ich die Teilnehmer auf das Ende der Coaching-Sitzungen vor, indem ich sie darum bitte, ein Alltagsritual aus dem Arbeitsleben ausfindig zu machen. Danach frage ich sie zum Beispiel, wie sie den Arbeitsbeginn und wie den Feierabend markieren. Wenn jeder sein Ritual entdeckt und davon erzählt hat, sollen sich alle noch einmal in Ruhe überlegen, was passieren würde, wenn sie dieses Ritual wegfallen ließen.

Diese Übung ist nützlich, um die Einzelnen für Rituale zu sensibilisieren und zu erkunden, welche Rituale der Coach und der Coachee für sich schon angewandt haben.

❖ **Neuordnungsphase**

In dieser Phase werden mit dem Coachee Aufgaben erarbeitet, die den inneren Verarbeitungsprozess stimulieren und ihn in Gang halten. Der Coachee kann Gegenstände herstellen (zum Beispiel Zeichnungen, Bilder, Geschichten oder Briefe schreiben) und/oder Symbole sammeln, die eine noch bestehende Verbindung zu relevanten Personen oder Sachen ausdrücken.

❖ **Abrundungsphase**

Hier führen die Coachees das »eigentliche« Ritual durch, etwa eine feierliche Abschiedszeremonie mit den hergestellten Objekten und Symbolen. Zum Beispiel indem sie sie verbrennen, begraben, ins Wasser werfen und so weiter.

❖ **Reinigung**

Nach der Abschiedszeremonie sollte eine Art von »Reinigung« stattfinden, zum Beispiel Hände waschen, sich die Hände am Körper abstreifen usw.

❖ **Wiedereingliederung**

Am Ende des Prozesses soll der Übergang in die neue Lebensphase gewürdigt werden, zum Beispiel in Form eines gemeinsames Essens oder durch den Besuch einer Tanzveranstaltung. Ein neues Team kann zum Beispiel die anderen Abteilungen zum »Einstand« einladen. Dadurch wird die Motivation signalisiert, sich in neuer Weise und mit neuem Schwung den Kollegen und der Arbeit zuzuwenden.

Schlusswort

Verblüffen Sie sich selbst mit Ihren eigenen Ideen

Sie haben in diesem Buch verschiedene Interventionsformen und Methoden des systemischen Coachings kennen gelernt, die ich in der Praxis ständig anwende und in meinem Ausbildungsinstitut auch lehre. Was Sie gelesen haben, spiegelt jedoch nur einen Auszug aus der bestehenden Vielfalt wider. Es ist vor allem als Anregung und Erweiterung gedacht. Ich bin mir sicher, dass Sie verblüfft sein werden, wie viele eigene Ideen Sie daraus noch weiterentwickeln können.

Das hinter dem systemischen Coaching stehende Konzept sollte dem Coachee von Anfang an deutlich gemacht werden. Wie Sie beim Lesen bemerkt haben, kommt es bei diesem Ansatz vor allem auf Selbstreflexion und Selbstwahrnehmung an. Daher halte ich in einem Coachingprozess die jeweils verwendeten Methoden transparent und gebe dem Coachee permanent Feedback darüber. Der Coachee muss wissen, wie angestrebte Prozesse verlaufen können, welche Wirkungszusammenhänge zu berücksichtigen sind und welche Bedeutung dies für seine Veränderung hat. Die angestrebte Transparenz kann so weit gehen, dass das »eigentliche Ziel« des Coachees darin besteht, die Fähigkeit zu erwerben, sich selbst zu coachen. Dies gilt im übertragenen Sinne genauso für angehende Coachs.

Die Ausbildung in meinem Institut ist genauso aufgebaut wie dieses Buch: Sie folgt den einzelnen Phasen eines Coachingprozesses. Im Training und in der Praxis vertrete ich mit viel Erfolg den hier vorgestellten integrativen Ansatz. Dabei haben sich bei der Ausbildung für mich zwei Trainingsschwerpunkte herauskristallisiert:

Die Ausbildung zum Coach

❖ Zum einen erarbeite ich mit meinen Kursteilnehmern die unterschiedlichen theoretischen Grundlagen, damit sie ihre eigenen Präferenzen erkennen und daraus ihre individuellen Coaching-Kompetenzen entwickeln können.

❖ Zum anderen habe ich das Live-Coaching eingeführt. Das bedeutet, dass die Teilnehmer verschiedene Interventionsmethoden schon während der Ausbildung in der Praxis erproben, indem sie einen ersten Coachingprozess allein und selbstständig begleiten.

Durch die zusätzliche Möglichkeit, die frisch erworbenen Coaching-Erfahrungen in einer Supervision zu reflektieren, hat sich dieses Vorgehen besonders bewährt. Der dabei entstehende Ideenreichtum der Teilnehmer verblüfft mich immer wieder.

Am Ende der Ausbildung frage ich die Teilnehmer, was sie in meinen Kursen gelernt haben und was das bei ihnen bewirkt hat. Damit Sie sich ein Bild von ihrem Feedback machen können, hier zum Schluss ein paar exemplarische Aussagen:

> »Das dürfen wir selbst von uns als etwas Herrliches empfinden: Dass wir Menschen der Entwicklung sind und immer bleiben wollen.«
>
> *(Christian Morgenstern)*

❖ »Ich habe gelernt, gewohnte Wege zu verlassen und mehr an mich und meine Fähigkeiten zu glauben.«

❖ »Ich habe gelernt, mehr Offenheit für andere Denkweisen zu entwickeln und dadurch auch gelassener im Umgang mit Problemen zu sein.«

❖ »Ich habe gelernt, meinem Gefühl zu vertrauen, ihm Beachtung zu schenken und befinde mich dadurch ein Stück weiter auf meinem eigenen Weg.«

❖ »Ich habe gelernt, meinen Kunden als Experte zu sehen, dem ich nur durch meine Fragestellung Reflexionsmöglichkeiten gebe.«

❖ »Ich habe gelernt, meine Grenzen zu erkennen und herauszufinden, wo Veränderungen mich in meiner Weiterentwicklung unterstützen.«

❖ »Ich habe gelernt, dass Menschen wie Pflanzen sind, die bewässert werden müssen oder auch nicht. «

Ich wünsche auch Ihnen viele verblüffende Ideen und viel Freude und Erfolg für Ihr eigenes systemisches Coaching-Konzept.

Danksagung

Für die Entstehung des Buches möchte ich mich vor allem für die Unterstützung bei meiner Familie bedanken.

Mein Mann Michael hat schon mein erstes Buch mit durchgestanden, er wusste also, auf was er sich einlässt. Ich konnte mich immer auf seine moralische und intellektuelle Hilfe verlassen.

Wenn die Zeit knapp wurde, half mir das Verständnis meines Sohnes Clemens, der sich auf die Fertigstellung des Buches freute und mich dadurch in meiner Arbeit bestärkte.

Hilfreich waren mir auch meine Mutter, sowie meine Mitarbeiterinnen, Kirsten Mäsch und Viola Walgenbach, die Teile des Manuskripts durchgesehen und kommentiert haben.

Mein lieber Kollege und Mentor Dr. Wolfgang Eberling gab mir in Gesprächen und gemeinsamen Projekten immer wieder Anregungen und Ideen für systemisches Arbeiten.

Vor vier Jahren lernte ich Martin Pichler kennen, der später auch Teilnehmer einer meiner Coachingausbildungen war. Durch seine intellektuelle Klarheit und sein umfassendes Wissen bekam ich gute Ideen die zum Gelingen des Buches beitrugen.

Schließlich schulde ich auch Ingeborg Sachsenmeier, die mir glücklicherweise bei der Fertigstellung des Buches als Lektorin zur Seite stand und zum Gedeihen des Projektes beitrug, meinen Dank. Sie gab dem Buch mit ihrer Kompetenz und Gelassenheit seine endgültige Form.

Berlin, Oktober 2002   Gabriele Müller

Glossar

Anker: Reiz-Reaktions-Verbindung. Der Anker wird als Reiz mit einem bestimmten inneren Erleben verbunden, um dieses leicht wieder abrufbar zu machen.

Assoziiert: Zustand des gefühlsmäßigen Erlebens mitten im Geschehen. Wir können nicht nur uns selbst assoziiert erleben, sondern sind in der Lage, uns auch in andere Menschen mit all den dazugehörigen Gefühlen hinein zu versetzen.

Coaching: Beratungs- und Betreuungsprozess mit dem Ziel für die Kunden, selbstständige Lösungen für bestimmte berufliche und private Probleme zu entwickeln. Coaching als lösungs-, zukunfts- und handlungsorientierte Prozessarbeit bedeutet, dass die Kunden selbst die Experten für die Lösung ihrer Probleme sind.

Arbeitsbereiche können zum Beispiel die Vorbereitung auf neue Aufgaben, Begleitung bei extremen Anforderungen oder die Reflexion des eigenen Verhaltens sein.

Dissoziiert: Zustand eines distanzierten »Von-außen«-Wahrnehmens. Dissoziiertes Erleben beschränkt sich meist auf Sehen und Hören.

Doppelsignal: Ausdruck einer Information oder eines Teils einer Information, welche nicht den Absichten des primären Prozesses entspricht.

Feedback (engl. Rückkopplung): Eine Reaktion, welche einen Stimulus aufgreift und somit zur Änderung des Systems führt.

Grenze: Trennt den primären Prozess (die primäre Identität) von den sekundären Prozessen. Sie wird erfahren als Grenze dessen, was wir uns zutrauen.

Gruppencoaching: Eine Coaching-Variante, bei der mehrere Kunden (Gruppengröße bis maximal 15 Personen) gleichzeitig gecoacht werden.

Kalibrieren: Kalibrieren (to calibrate: eichen, sich einstellen auf jemanden) ist die Fähigkeit, nonverbales Feedback wahrzunehmen und von da aus auf den internen Zustand eines Menschen zu schließen. Meist kalibrieren wir unbewusst: Noch bevor der andere zu sprechen beginnt, wissen wir, was seine Antwort auf unsere Frage ist. Das »Ja« oder »Nein« ist nur der allerletzte Schritt seines Denkprozesses.

Logische Ebenen: »Natürliche« Hierarchien, die nach Gregory Bateson Prozesse von Lernen, Veränderungen und Kommunikation beeinflussen. Jede Ebene hat die Funktion, die Information auf der darunter liegenden Ebene zu organisieren. Veränderungen auf einer höheren Ebene ziehen so zwangsläufig Veränderungen auf allen unteren Ebenen nach sich. Nach Bateson sind es häufig Konfusionen zwischen den logischen Ebenen, die Probleme schaffen. Im Veränderungsmanagement sind nach Dilts/Epstein die folgenden logischen Ebenen grundlegend: Umgebung, Verhalten, Fähigkeiten, Glaube und Werte, Identität, Spiritualität/Zugehörigkeit.

Lösungsorientierter Ansatz: Vom ersten Moment der Beratung geht es bei diesem Ansatz darum, die Aufmerksamkeit des Kunden konsequent auf die Lösung zu richten. Die Beschreibung des Problems ist dabei nur so weit interessant, als in der Beschreibung eines Problems oft schon dessen Lösung erkennbar ist.

Mediation: Form der außergerichtlichen Konfliktvermittlung. Ziel der Konfliktparteien ist es, mit Hilfe eines oder mehrerer Mediatoren gemeinsame tragfähige Lösungen für Konflikte zu entwickeln.

Metaplan-Arbeit: Das Nutzen von Metaplan-Karten (farbige Pappkarten in der Größe von Postkarten), die zur Visualisierung/Veranschaulichung von Sachverhalten an eine Pinnwand gehängt werden.

NLP: Neurolinguistisches Programmieren. Kommunikationsmodell, das von J. Grinder und R. Bandler in den 70er-Jahren in den USA entwickelt wurde. Zugrunde liegt eine genaue Verhaltensanalyse erfolgreicher Psychotherapeuten mit ihren Klienten. Durch beobachtbare Muster wurde das erfolgreiche Verhalten verständlich und somit für andere Personen nachvollziehbar gemacht.

Pacing: Im Pacing gleichen wir uns an die nonverbalen Ausdrucksformen des anderen an. Pacing bedeutet »im gleichen Schritt mitgehen«. Sie können dazu Ihre Stimme (Tonalität, Melodie, Rhythmus, Lautstärke, Tempo) nutzen, aber auch Atmung, Gestik, Mimik und Körperhaltung/Sitzhaltung angleichen, um guten Rapport zu bekommen. Pacing kann sich natürlich auch auf Gesprächsinhalte beziehen (Interessengebiete des Gegenübers, seine Werte, seine spezifischen Metaphern/Schlüsselwörter, komplexe Elemente seines Weltbildes usw.).

Primärer Prozess: Das, was mit vollem Bewusstsein erlebt wird. Die Signale, das Verhalten und die Weltanschauung, mit denen sich ein Einzelner oder eine Gruppe identifiziert.

Prozessmoderation: Mit Hilfe der Moderation von Prozessen werden diese zu ihrer Entfaltung gebracht, und es entsteht bei den Beteiligten eine Bewusstheit über Veränderungs- und Entwicklungspotenziale und darüber, dass alle Teile und Ebenen miteinander verbunden sind und jederzeit aufeinander einwirken.

Rapport: In Rapport sein heißt, in guter wechselseitiger Beziehung mit dem Gegenüber stehen. Die Kommunikation scheint zu fließen, wenn zwei Menschen in Rapport sind; sowohl ihre Körper als auch ihre Worte sind aufeinander abgestimmt. Das, was wir sagen, kann Rapport herstellen oder zerstören. Wichtiger noch als Inhalt sind Körpersprache und Tonart. Menschen, die in Rapport miteinander sind, tendieren dazu, sich gegenseitig in Körperhaltung, Gestik und Augenkontakt anzugleichen (englisch: pacen). Es ist wie ein Tanz, bei dem die Partner aufeinander reagieren und gegenseitig mit ihrer eigenen Bewegung die Bewegung des anderen spiegeln.

Reframing: Eine Situation, ein Problem in einen neuen Rahmen bringen. So können Sachverhalte in neue (positive) Sinnzusammenhänge eingebettet werden. Dieser Rahmen und die damit verbundenen Einstellungen und Gefühle können in dieser Situation konstruktiv hervorgerufen und angewendet werden.

Ressourcen: Die »inneren Kraftquellen« eines Menschen, seine Möglichkeiten und Fähigkeiten. Mit Ressourcezustand bezeichnet man ein Sinneserlebnis, das mit einem Zeitpunkt verbunden ist, an dem sich die Person selbstsicher, voller Energie und kompetent fühlte.

Schattentag: An diesem Tag begleitet und beobachtet der Coach den Coachee in seinem alltäglichen Arbeitsumfeld. Besonders wichtig ist dabei, die Rolle des Coachs vor den Kollegen und Mitarbeitern zu klären.

Sekundärer Prozess: Phänomene, die geäußert, aber nicht bewusst wahrgenommen werden. Dazu gehören Körpersignale und Körpersprache, Träume oder Dinge, die außerhalb des eigenen Einflussbereichs stehen. Prozesse, welche sich in Signalen äußern, mit denen sich ein Individuum oder eine Gruppe nicht identifiziert.

Supervision: Eine Form der prozessbezogenen Beratung, das heißt, dem Prozess der Reflexion selbst wird hier mehr Bedeutung beigemessen als dem der Zielumsetzung. Supervision wird in Einzel- oder Kleingruppensitzungen durchgeführt.

Timeline (Engl. »Zeitlinie«): Eine imaginäre oder durch ein Seil o.Ä. dargestellte Linie. Diese wird zu Interventionen genutzt, bei denen der Klient sich innerhalb eines Themenkreises auf seiner Zeitlinie mit der eigenen Vergangenheit und Zukunft beschäftigt, um neue Einsichten zu gewinnen.

Transfer: Hier geht es um die Integration neuer Erkenntnisse, Ziele usw. in den Alltag. Die Transfersicherung ist dann erfolgreich, wenn während des Coachings direkt erste Schritte zur Umsetzung festgelegt werden.

Wahrnehmungskanäle: Die fünf Sinne entsprechen den fünf Sinnes- oder Wahrnehmungskanälen:

Der visuelle Kanal	= sehen
Der auditive Kanal	= hören
Der kinästhetische Kanal	= fühlen
Der olfaktorische Kanal	= riechen
Der gustatorische Kanal	= schmecken

Literaturverzeichnis

Berkel, Karl/Lochner, Dorette: Führung: Ziele vereinbaren und Coachen. Beltz, Weinheim und Basel 2001.

Dilts, Robert B.: Von der Vision zur Aktion – Visionäre Führungskunst. Junfermann, Paderborn 1998.

Eberling, Wolfgang/Vogt-Hillmann, Manfred (Hrsg.): Kurzgefaßt. Zum Stand der lösungsorientierten Praxis in Europa. Borgmann Publishing, Dortmund 1998.

Holtbernd, Thomas/Kochanek, Bernd: Coaching – 10 Schritte der erfolgreichen Managementbegleitung. Wirtschaftsverlag, Bachem 1999.

Isert, Bernd/Rentel, Klaus: Wurzeln der Zukunft. Lebensweg-Arbeit, Aufstellungen und systemische Veränderung. Junfermann, Paderborn 2000.

James, Tad/Woodsmall, Wyatt: Time Line – NLP-Konzepte. Junfermann, Paderborn 1998.

Mahlmann, Regina: Einzel-Coaching: Kompetenz entwickeln. Beltz, Weinheim und Basel 2001.

Mindell, Arnold: Den Pfad des Herzens gehen. Traumkörperarbeit. Schamanische Praktiken und moderne Psychologie. Verlag Via Nova, Petersberg 1996.

Mindell, Arnold: Der Lieb und die Träume – Prozessorientierte Psychologie in der Praxis. Junfermann, Paderborn 2000.

Mindell, Arnold: Mitten im Feuer. Gruppenkonflikte kreativ nutzen. Hugendubel (Sphinx), München 1997.

Müller, Gabriele/Hoffman, Kay: Das Handbuch für die tägliche Beratungspraxis – Systemisches Coaching. Carl-Auer-Systeme, Heidelberg 2002.

Ötsch, Walter/Stahl, Thies: Das Wörterbuch der NLP. Jungfermann, Paderborn 1997.

Ruesch, Jürgen/Bateson, Gregory: Kommunikation. Die soziale Matrix der Psychiatrie. Carl-Auer-Systeme, Heidelberg 1995.

Schmidt, Gunther: Hyposystemische Teamentwicklung. In: Lernende Organisation Nr. 2, Juli/August 2001.

Schmidt-Tanger, Martina: Veränderungscoaching. Junfermann, Paderborn 1998.

Wrede, Britt A.: So finden Sie den richtigen Coach. Campus, Frankfurt a.M. 2000.

Martin Hartmann / Rüdiger Funk / Horst Nietmann
Präsentieren
Präsentationen: Zielgerichtet und
adressatenorientiert.
151 Seiten. Pappband.
ISBN 3-407-36405-9

Anlässe für Präsentationen gibt es viele: Neue
Produkte, die vorgestellt werden müssen, gute Ideen,
die die Mitarbeiter umsetzen sollen, ein Referat,
das die Zuhörer begeistern soll. Präsentationen sind
wirkungsvolle Möglichkeiten, andere zu informieren
oder zu überzeugen. Das gilt auch in Zeiten von
Internet und PC, wichtige Medien, die den Präsen-
tierenden zusätzlich unterstützen können.

»Das Buch ist klar und übersichtlich aufgebaut und
führt schrittweise durch die Phasen der Vorbereitung
und Durchführung von Präsentationen. (...) Eine
gelungene Lektüre, die die praktische Erfahrung der
Autoren wiederspiegelt.« *Der deutsche Berufsausbilder*

Nina L. Dulabaum
Mediation: Das ABC
Mit vielen Abbildungen. 203 Seiten. Pappband.
ISBN 3-407-36406-7

»Nina L. Dulabaum präsentiert die Grundlagen
der Mediation übersichtlich in ABC-Form, leicht
verständlich, zum sofortigen Transfer in den
Alltag geeignet.« *www.vbe-nds.de*

»Zahlreiche Arbeitsblätter und Übungen verfestigen
die Inhalte und bieten eine Menge Anregung zum
Nachdenken und Selbermachen. Damit gewinnt
das Buch Werkzeugcharakter und gehört
in die Präsensbibliothek eines Unternehmens.«
Rasche Nachrichten

Aus dem Inhalt: Deeskalation und Dialog;
Hilfsmittel und harte Fälle; Perspektivenwechsel;
Zusammenarbeit und Zukunftsorientierung.

Beltz Verlag · Postfach 100154 · 69441 Weinheim · www.beltz.de

F0155

Ernst Tiemeyer
Projekte erfolgreich managen
Methoden, Instrumente, Erfahrungen.
142 Seiten. Pappband.
ISBN 3-407-36390-7

Der Einstieg ins Projektmanagement ist bisweilen
schwierig. Erfahrene Projektmanager sprechen eine
eigene Sprache und folgen einer eigenen Logik.
Damit Sie sich gut zurechtfinden können, zeigt Ernst
Tiemeyer praxisnah, wie Sie wirkungsvoll Projekte
zum Erfolg bringen können.

Aus dem Inhalt: Projektantrag formulieren,
Projektauftrag vergeben; Visionen und ganzheitliches
Projektmanagement; Das Projektteam formieren;
Teamentwicklungsprozesse; Zeiten, Kosten und
Qualität exakt planen; Instrumente zur Projekt-
steuerung; Der erfolgreiche Projektabschluss.

Folker Kraus-Weysser
Praxisbuch Public Relations
Mit überzeugender Öffentlichkeitsarbeit zum Erfolg.
132 Seiten. Pappband.
ISBN 3-407-36397-4

Folker Kraus-Weysser gelingt es, die Möglichkeiten
der Öffentlichkeitsarbeit spannend und anschaulich
darzustellen. Alle wichtigen Fragen der Umsetzung
werden Schritt für Schritt erläutert und durch zahlreiche Beispiele verdeutlicht.
Das Buch eignet sich als Ideenhandbuch für Leute,
die die PR im eigenen Haus machen möchten. Es
kann aber auch als optimale Vorbereitung für
Briefing und Auswahl einer PR-Agentur dienen.

Aus dem Inhalt: Anregungen und Bausteine für PR-
Aktionen; Fallbeispiele erfolgreicher PR-Kampagnen;
Krisen-PR; Regeln für die Zusammenarbeit zwischen
PR-Machern und Medienleuten; PR – die hohe
Schule der ausgefallenen Ideen; PR im Internet.

Beltz Verlag · Postfach 100154 · 69441 Weinheim · www.beltz.de

F0158

Carole Maleh (Hrsg.)
Open Space in der Praxis
Erfahrungsberichte: Highlights und Möglichkeiten.
179 Seiten. Pappband.
ISBN 3-407-36384-2

Den »offenen Raum« nutzen. Ob mit 30 oder 300 Personen, ob als Instrument der Organisationsentwicklung oder als Veranstaltungsmethode, ob drei Stunden oder drei Tage: möglich ist vieles mit Open Space. Carole Maleh hat in diesem Buch die unterschiedlichsten Erfahrungen zahlreicher Open-Space-Praktiker zusammengefügt. Nach einer Einführung in die Methode hat die Autorin Erfahrungen aus 17 Open-Space-Anlässen zusammengestellt. Die Beispiele stammen aus dem Profit- und Nonprofitbereich sowie aus der öffentlichen Verwaltung bzw. Kommune. Zudem wird ausführlich darauf eingegangen, was auf eine Open-Space-Veranstaltung folgen kann.

Matthias zur Bonsen/Carole Maleh
Appreciative Inquiry (AI):
Der Weg zu Spitzenleistungen
Eine Einführung für Anwender, Entscheider und Berater.
117 Seiten. Pappband.
ISBN 3-407-36380-X

Appreciative Inquiry bedeutet frei übersetzt »wertschätzende Erkundung«. Diese Methode identifiziert gezielt das Positive in Unternehmen und entwickelt es weiter. Die Wirksamkeit von AI ist leicht zu demonstrieren: Wann zeigen sich Ihre Mitarbeiter motivierter? Wenn Sie ihnen ständig vorhalten, was sie falsch machen oder wenn Sie das untersuchen und fördern, was bislang gut lief? Entdecken Sie mit AI die »Juwelen der Organisation«. Entfachen Sie so eine Begeisterungsfähigkeit, die Energie freisetzt.

Aus dem Inhalt: Erkunden und Entwickeln des Positiven; Der AI-Prozess; Anwendung von AI.

Beltz Verlag · Postfach 100154 · 69441 Weinheim · www.beltz.de

F0159